かかわりで育む学び

小野間 正巳
Masami Onoma

金木犀舎

はじめに

今の子どもたちは，生まれたときからテレビやコンピューターなどたくさんの情報の中で育ってきています。この情報社会には，多くの利点とともに問題点があると思われます。テレビやコンピューターなどの情報は一方的であり，常に見る方が受け入れるだけという状況をつくり出します。読書の場合は，読むことによりその場面を自分なりにイメージして頭の中に描くことをするのですが，テレビやコンピューターではその必要がなく，最初から与えられています。このことは，子どもの想像力の弱さや創造力の乏しさにつながります。せっかく集まっているのに，まったく会話のないままに時を過ごして別れていく子どもたちを，数多く身近に見てはいないでしょうか。人と言葉を交わせないということは，表現力が乏しく，心が開けないということだと思います。一方的な情報が氾濫し，会話の少ない生活の中で子どもたちは，言葉を交わす習慣やスキルを身につける機会を失い，言葉のもつ意味や役割を十分理解できなくなっているのではないでしょうか。

また，まねはできても，自分の言葉で自分の考えを表現したり，自分の言葉が相手にどう受け止められるかまで考えたりする子は減っているようです。表現力の弱さも人と言葉を交わせないことが背景にあるのではないでしょうか。人と言葉を交わせないということは，人に対する信頼がないということとも関係します。こんなこと言ったら笑われるんじゃないか，叱られるんじゃないかなどと考えて，自分の思っていること言えない子も多いのです。他人が信頼できないということは，自分を信頼できないことにつながりますし，言葉を信頼しないということでもあります。当然，自分の世界に閉じ込もることが多くなりがちになります。

さらに，子どもたちが学校や社会の中で，明るくたくましく成長していくためには，温かい人間関係が必要ですが，人間関係をつくる最も基本的な手段は，言葉と言葉を交わす会話にあります。言葉を交わすことが不得手で，人間関係をつくることの下手な子どもたちにもっともっと声をかけ，会話を通して表現力を養ったり，自分の心を開くことの大切さを教えていく必要があるのではないでしょうか。また，相手に自分の思いをきちんと伝える方法を教えることも必要なのではないでしょうか。

このような現代社会における子どもたちの様子から，改めて人とかかわるということの意味を考えさせられます。実際に，私たちは，学校という場で，教科書や教材・教具，様々な環境だけでなく，先生や友達，まわりの様々な人々とかかわることを通じて学びを育んできました。人は，成長という過程を「かかわる」という行為を抜きに語ることはできません。しかし，一言で「かかわる」といっても様々なかかわり方があり，それは，人それぞれであるのも事実です。つまり，「かかわり方」に正解はないと言えるでしょう。それは，一人ひとりに「かかわる」ことへの意味があり，意志があるからだと言えるでしょう。

そこで，これからの時代を生きる子どもたちを育てるにあたって，「今，自分が生きているのだ」と実感できる授業づくりや学校づくりがこのような課題を解決する一つの道であると考えます。そのためには，教師や子どもたちの「夢をかたちに」できる教育活動を支援し展開することです。例えば，一人ひとりが「ねがい」を持ち，自らの思いや考えを生かして「人・もの・こと」と主体的にかかわり，体験を通して満足感・達成感を味わうことができる学習活動が考えられます。このような学習によって，子ども自らが学び，考え，実践して，強くたくましく生きぬく力を身に付けることにつながるからです。本書では，「かかわる」ということに視点をあて，教師の資質や授業のあり方について述べていきたいと思います。

かかわりで育む学び　目次

第２章　かかわりを育てる教育課程

第３章　かかわりによって市民的資質を育てる社会科と評価 ～協働提案型社会科を事例にあげて～

第4章　かかわりで自立の基礎を育てる生活科

第５章　かかわりで自立を促す総合的な学習の時間

第1章　かかわりを育てる教師

第1節　教師とは

「こんな先生が好きという要素には，『真摯さ』『子どもへの厳しさと思いやり』『人間味豊かな感性』『常に前進しようとする姿勢』『子どもとともにあろうとするパートナーシップ』『生徒への限りない献身的な愛情』が挙げられます。子どもにとって大切なのは，つまるところ，教師の人間性だというのは間違いないようです。」と「尾木ママ」で有名な尾木直樹さんは著書『教師格差』の中で述べています。つまり，子どもたちを成長させたいという情熱が愛情に変わり，その愛で厳しく指導したり，高い目標にチャレンジさせてやったり，叱ってやることで教師としてのアイデンティティが養われるということです。

だれもが，このように，小学校，中学校，高等学校等の教育機関で様々な教師に出会い，かかわり，影響を受けてきたことでしょう。では，教師とは一体どのような職業なのでしょう。それは，教育の担う目的や意義とどうかかわるのでしょう。

さて，教師の呼び方は，「先生」「教員」「教職」などがあります。それらを一応定義してみます。

まず，「先生」です。先生は，「学問や技術・芸能を教える人」「教師・師匠・医師・代議士など学識のある人や指導的立場にある人」でしょうか。原義は「自分より先に生まれた人」ですが。

次に，「教員」です。教員は，学校をはじめとする教育施設で，在籍者に対して教育・保育をつかさどる職に就いている人」，言い換えれば「学校に勤務し教育に従事する人」です。教育基本法（平成 18 年法律 120 号）では，

「法律に定める学校の教員は，自己の崇高な使命を深く自覚し，絶えず研究と修養に励み，その職責の遂行に努めなければならない」(9条1節）との立場から，「その使命と職責の重要性にかんがみ，その身分は尊重され，待遇の適正が期せられるとともに，養成と研修の充実が図られなければならない」（同2節）と規定されています。これに基づいて教育公務員特例法（昭和24年法律1号）その他関係法が定められています。

3つめの「教職」とは，これまでの定義から「児童・生徒・学生を教育指導する職務」といえるでしょう。

では，このような教職に従事する人（先生・教員・教師）はどのような経過を経て，現在のようになったのでしょう。日本が近代国家を目指した明治期から教員の歩みを振り返ります。

1) 明治5年(1872)の「学制」により近代学校制度がはじまり，そのための教育方法を学ぶ師範学校が東京都に設立され，翌明治6～7年には各大学区に官立師範学校が設立されました。続く明治13年(1880)には,「改正教育令」が出され，各府県に師範学校を設置することが義務づけられました。明治19年(1886)，初代文部大臣森有礼が教育改革を行い，「教育令」を廃止して「学校令」を公布しました。この「学校令」では，小学校令，中学校令，帝国大学令，師範学校令，諸学校通則を制定し，そのうちの師範学校令で「師範学校は，尋常師範学校と高等師範学校に分けられ，尋常師範学校は各府県に1校」が原則とされました。ここで，重要なのは，「教員は順良，信愛，威重の3気質が理念として明確化」されたことと，教員は文部大臣及び地方長官による免許状を有することという条件がつけられたことです。この考えが，その後の日本の教員の資質・能力とかかわってきます。

2) 第二次大戦の敗戦により連合国軍の占領下に置かれたことで，教員についての条件等が大きく改革されました。まず，昭和21年(1946)2月第1次米国教育使節団による報告書が出されます。第二次世界大戦前の教員養成教育の欠陥が指摘され，「師範学校を高度化するか，一般大学で教員養成するか」の勧告がなされました。さらに，この報告を受けて，昭和21年12月に教育刷新委員会は，「教員の養成は，総合大学及び単科大学において，教育学科を設置してこれを行う。」という方針を採択しました。その結果，昭和 24 年 (1949)9 月「教育職員免許法」が制定され，現代のような教員養成の専門性と開放性（①教員になるための免許状を取得する必要性，②大学で取得すべき単位が規定，③開放性の原則）が確立されました。

第２節　教師にとって「かかわる」こと

これからの学習では，さまざまな「人・もの・こと」と出会い，かかわることによって自分らしい生き方を探りながら主体的に生きる力を養うことが求められます。そのために教師は，子どもたちの願いを生かした学習の内容や方法を創造する単元構想力が必要です。

一般的に，授業は「ねがい」を中心として「子どもの実態」「学習環境・条件」「目標」「学習対象」「学習方法」の６つの構成要素によって，単元に基づいて行われます。ただし，これらの各要素は固定せず，それぞれのかかわりを考えて修正しながら，単元のイメージを作り上げていきます。

こうして創造された単元は，子どもの願いや課題に柔軟に対応でき，その子なりの学習をより充実したものとしていきます。また，単元構想は，教師が子どもたちに経験してほしい価値に触れることが可能な活動展開の場です。その経験を子ども自らが意味づけられることが大切です。したがって，子ども一人ひとりを見取り，教師・子ども・学習材のかかわりを常にリフレクション（振り返る）しながら，デザインする力が教師には求められています。

では，このような単元構成力を育むために，教師は資質・能力をどこでどのように磨いたらよいでしょうか。次のように，子どもと共に「いま・ここ」を生きることにより，教師自身が変容していく経験を通して育まれると考えられないでしょうか。

1子どもの思いや願いを感じる

子どもは，自分の思いや願いをさまざまな手段・方法で表しています。それは，言葉として表されるものもあれば，体そのものが表している場合もあります。教師は，こうした子どもの思いや願いをかかわりの中で感じ取ることが大切です。そのためには，子どもと言語だけでなく，体の表しなどの非言語コミュニケーションを重視することです。その子が何を感じ，何を思い，願っているかを，子どもと直に触れ合ったり，向き合ったりすることによって感じ取っていきます。それは，教師自らが見方・考え方・感じ方を変容し，成長することでもあります。

こうして，「いま・ここ」で子どもの持つ意識を感じ取り，教師自身の思いや願いとつなぎ合わせることで，子どもの実態に対応した単元構想を創造することができます。

❷子どもの学びの記録を生かす

学習とは，子どもが自ら課題を見つけ，自らの力で解決していくことです。したがって，単元構想はあくまでも計画であり，それは，状況に即して見直され，必要に応じて修正されるものです。しかも，子どもの意識や活動の流れといったものは，子どもと教師，子どもと学習対象とのかかわりの中で生まれてくるものです。

そこで，授業を通して計画を常にリフレクションし，計画と実際とのズレを修正しながら単元を進めていきます。そして，子どもが何を学んだのか，どんな意味を見いだしたのか，常に着目し授業をデザインすることが大切です。

子どもが学んだことを教師の言葉で記録したり，子どもの作品や学習カード及び自己評価カードなどに書かれたことを加えたりしながら，エピソードとして子どもの学びの有様を日記風に綴っていくと，子どもの様子がよく見えてきます。記述する際には，自分の思いを率直に書き表すようにします。

これは，子どもの学んだ意味をつかむことが目的です。単元全体を通して記録することによって，新たな単元を構想することにもつながります。子どもは様々な「人・もの・こと」とかかわり，自分なりに意味づけながら経験を再構成することによって学んでいます。たとえ一人ひとりが学習を通して学ぶ価値は異なっているとしても，こうしたかかわりを通して学ぶことで，子どもたちは自分らしく生きる力を身に付けることができるのです。ですから，様々な「人・もの・こと」と自分なりにかかわることができる「かかわり上手」を育てることが大切です。

では，このような「かかわり上手」はどのような点に留意して育てていったらよいでしょうか。授業における子どもたちのかかわり方と，その時と場における教師の支援のあり方について考えてみます。

第3節 「かかわり上手」を育てるために

「かかわり上手」を育てるために，教師は子どもをありのままにとらえて，子ども一人ひとりのよさを生かす支援を心がけます。ありのままにとらえるための留意点として，次のようなことが考えられます。

①感じることを大切にする。
②認め，励まし，自信をもたせる。
③身体的相互作用としてのコミュニケーションを大切にする。

①は，子どもたちは自分を取り巻く集団のまなざしの中で自分を表現したり，成長を感じ取ったり，自信を身に付けたりしています。こうして「自分は自分であっていい」とか「自分なりの生き方をしていいんだ」ということを感じながら生きる力を育んでいます。

教師は子どもが何を感じているかをつかみ，「いま・ここ」での経験に対応した支援をしていくことが大切です。

②は，教師が子どもの取り組みについてこだわりを見取り，子どもに寄り添ってその子なりの思いや考えや取り組みなどを認め，励まし，共感的理解をすることが大切です。そうすることで子どもは自分の行動に自信を持ち，より豊かで深まりのある活動に結びつきます。

③は，子どもたちが様々な人とかかわる経験を重視し，教師は，かかわってほしい人を紹介したり，奨励したり，促したりする支援を行います。この結果，かかわる人のよさに気づくだけでなく，自分のよさにも気づくことができます。

第４節　教育の目的・意義

文部科学省は，学校教育の目的・意義を次のように定義しています。「学校教育とは，すべての国民に対して，その一生を通ずる人間形成の基礎として必要なものを共通に修得させるとともに，個人の特性の分化に応じて豊かな個性と社会性の発達を助長する，もっとも組織的・計画的な教育の制度であること。そして，国民教育として普遍的な性格をもち，他の領域では期待できない教育条件と専門的な指導能力を必要とする教育を担当するものである。」では，その目的は何でしょうか。教育基本法第１条（教育の目的）に次のように書かれています。「教育は，人格の完成をめざし，平和的な国家及び社会の形成者として，真理と正義を愛し，個人の価値をたつとび，勤労と責任を重んじ，自主的精神に充ちた心身ともに健康な国民の育成を期して行われなければならない。」

そこで，実際に学校では，文部科学省学習指導要領で示されている総則を基に教育が行われることになります。この総則では，確かな学力，豊かな人間性（道徳教育，体験活動などの充実），健康・体力の「知・徳・体」のバランスがとれた「生きる力」の育成をすることで，新しい時代に必要となる資質・能力の育成を目指すことが書かれています。

そして，必要な資質・能力を以下の三つの柱で示しています。

１.生きて働く知識及び技能の習得

各教科等において習得する知識や技能。個別の事実的な知識だけではなく，それらが相互に関連付けられ，さらに社会の中で生きて働く知識を含む。

２.未知の状況にも対応できる思考力，判断力，表現力等

・物事の中から問題を見いだし，その問題を定義し，解決の方向性を決定し，解決方法を探して計画を立て，結果を予測しながら実行し，振り返って次の問題発見・解決につなげていく。

・精査した情報を基に自分の考えを形成し，文章や発話によって表現したり，目的や場面，状況等に応じて互いの考えを適切に伝え合い，多様な考えを理解したり，集団としての考えを形成したりしていく。

・思いや考えを基に構想し，意味や価値を創造していく。

3. 学びを人生や社会に生かそうとする学びに向かう力，人間性の涵養《かんよう》

・「知識及び技能」「思考力，判断力，表現力等」をどのような方向性で働かせていくかを決定付ける重要な要素。

・学びに向かう力，自己の感情や行動を統制する能力，自らの思考の過程等を客観的に捉える力などいわゆる「メタ認知」に関するもの。

・協働する力，持続可能な社会づくりに向けた態度，リーダーシップやチームワーク，感性，優しさや思いやりなどの「人間性等」。

また，資質・能力を育成するためのカリキュラム・マネジメントを推進するために以下の三つの側面が示されています。

①各教科等の教育内容を相互の関係で捉え，学校教育目標を踏まえた教科等横断的な視点で，その目標の達成に必要な教育の内容を組織的に配列していくこと。

②教育内容の質の向上に向けて，子どもたちの姿や地域の現状等に関する調査や各種データ等に基づき，教育課程を編成し，実施し，評価して改善を図る一連の PDCA サイクルを確立すること。

③教育内容と，教育活動に必要な人的・物的資源等を，地域等の外部の資源も含めて活用しながら効果的に組み合わせること。

これらの側面を踏まえたカリキュラムは，以下の三つに分けられます。

▶教科

小，中，高の諸学校で，児童，生徒が学習すべき文化遺産としての知識，技能を，教育的観点から系統的に組織した一定の区分または領域。

▶特別活動

望ましい集団活動を通して，心身の調和のとれた発達と個性の伸長を図り，集団の一員としてよりよい生活や人間関係を築こうとする自主的，実践的な態度を育てるとともに，自己の生き方についての考えを深め，自己を生かす能力を養う。（学習指導要領より）

▶特別の教科道徳

学校の教育活動全体を通じて，道徳的な心情，判断力，実践意欲と態度な

どの道徳性を養うこととする。道徳の時間においては，各教科，外国語活動，総合的な学習の時間及び特別活動における道徳教育と密接な関連を図る。計画的，発展的な指導によってこれを補充・深化・統合する。道徳的価値の自覚及び自己の生き方についての考えを深め，道徳的実践力を育成するものとする。

第５節　教師の果たす役割

「教育は人なり」とよくいわれます。これは，学校教育の成否は教員にかかっているということを意味しています。例えば，質の高い教材を使っていても教え方がわるければ，その教材の価値を引き出しているとはいえません。また，子どもたちにとって貴重な体験を得られる機会があっても，教師自身が目的意識をしっかり持って実施しなければ，教育的な効果は期待できないでしょう。

このように，責任が重い教師の仕事ですが，それだけにやりがいも十分あります。例えば，どうやったら子どもたちに分かってもらえるのかを考えながら苦労して教材を作った結果，分かりやすかったと子どもに言ってもらえたときなどは，非常に嬉しいはずです。

また，子どもたちの成長を間近に見られることも魅力の一つです。苦労して指導してきた子どもたちの立派に成長した姿が見られたときは，感慨深いものがあるでしょう。

教師の仕事の中心となるのが教科等の授業です。授業を通して，子どもたちに，学力の重要な要素である基礎的・基本的な知識・技能，それらを活用して課題を解決するために必要な思考力・判断力・表現力等を身に付けさせ，学習意欲向上させる必要があります。

このような授業を行うためには，目標（児童生徒に身に付けさせたい力）やそれに沿った学習活動などを定める指導計画の作成，教材や他の先生の授業の研究などを十分行う必要があります。さらに，試験等の評価を行う際は，単なる成績づけにとどまらず，それらの評価を基に，授業の改善を図ることも重要です。授業を行うことは大変ですが，教師は子どもたちと一緒に成長できる素晴らしい仕事です。

教師には教科等の指導の他にも様々な仕事があります。子どもたちが自己実現を図っていくために適切な生徒指導や進路指導を行ったり，朝の会やホームルームなどを利用して学級全体をまとめたり，部活動の顧問をしていれば，その指導も行う必要があります。子どもには見えないところでも，各教員間で意思統一を図り，問題について一緒に考えるための会議等を行います。

授業以外にもこういった多くの仕事がありますが，教育をよくするためにはどれも大切です。

第6節　教育評価

❶教育評価の種類

教育評価には，尺度によりいくつかのタイプがあります。

相対評価：クラスの他の生徒の成績に対して，どういう出来かという評価。

絶対評価：本人の成績だけについて，達成して欲しい学習項目のリストに基づいて達成したかどうかという評価。

到達度評価：本人の出来が教師の納得のいくレベルに到達したと認定されるかどうかという評価。

また，教育評価の機能によるタイプとして，アメリカの教育心理学者ベンジャミン・ブルームが以下の３つに分類しています。

診断的評価：学習指導を行う前に実施し，指導を行う前の時点での学習者の学力やレディネス（学ぶために必要な条件や環境が整っているか）を評価する。教師はこの情報を元に指導の計画を立てる。

形成的評価：学習指導の途中において実施し，それまでの指導内容を学習者がどの程度理解したかを評価する。教師はこの情報を元に指導の計画を変更したり，理解の足りない部分について，あるいは理解の足りない学習者に対して補充的な指導を行う。

総括的評価：学習指導の終了後に行い，学習者が最終的にどの程度の学力を身に付けたかを評価する。成績をつけるのに使用するほか，教師が自らの指導を省みる材料としても用いることができる。

個人か集団かというとらえかたで評価を分けた場合，個人内評価は，本人のこれまでの出来に対して進歩があったかどうかという評価となります。集団内での出来具合を見る評価よりも，子ども一人ひとりの長所や可能性，進歩の状況を見ることができる評価方法であり，個性の尊重や伸張を図るとともに，意欲の高揚に結び付く評価であるといえます。

この個人内評価には，個人内の様々な特性を相互に比較して，どの特性が優れていて，どの特性が劣っているかをみる「横断的個人の評価」と，本人自身の過去の学習の成績を基にして，同一の現在の学習の実現状況について評価する「縦断的個人の評価」があります。

❷個人内評価を有効に機能させる

個人内評価を行う際には，教師が多様な価値基準をもち，主観にとらわれたり固定観念に左右されたりするといった見方のゆがみを排除しておくことが大切です。また，観点別学習状況評価と区別し，個人内評価で評価が高い者が必ずしも観点別学習状況評価や評定が高いとはいえないことを押さえておきましょう。

次に，個人内評価がより有効に機能するためには，子どもの成長の様子を様々な場面において示すことが必要です。個人内評価を伝える主な具体的場面として，「授業中の声掛けや励まし」「感想文，作品，レポート，子どもの自己評価，相互評価への教師のコメント」「教科の学習記録，通知票の所見欄」などがあります。

そこで，この個人内評価を充実させるための取り組みをいくつか取り上げてみます。

①子どもの自己評価能力を育てるコメント

子どもが自己評価能力を身に付けることができれば，「自分なりの学習方法」を見つけることができ，よいところを伸ばし，不十分なところを補おうとする調整ができるようになります。こうした自己評価をさせながら，書かれた記録に，教師は他者評価としてコメントを書きます。その際，教師は求める自己評価の姿を意識させるような投げかけを続けることがよいと思います。そして，活動を断片でとらえるのではなく，活動の様々な場面でとらえて評価していきます。

例えば，教師は子どもが自己評価した内容を認めた上で，学習目標と今の子どもの実態とのずれをアセスメントし，次の学習への方向を示します。また，自らの学習を振り返り，子どもが適切な自己評価を行うために必要な評価基準や態度を獲得できるように配慮します。子どもの自己評価能力を育てることが個人内評価の充実につながります。

②ポートフォリオを活用する

児童生徒の作品（ワークシート，作文，レポートなど）や，評価や感想の記録（教師の観察記録，自己評価や相互評価など）をファイルやボックスに収集し，ポートフォリオを作成します。子どもが学んだ情報，成長の様子や身に付いた力について具体的に分かるように整理して，一人ひとりに応じた個人内評価をします。その際，「ほめる」ことのみを優先しないようにすることが大切です。

例えば，ポートフォリオを参考にしながら，教師が単元のはじめから終わりまでの学習の様子について，子どもが学んだことを物語風に記録する方法があります。この記録は，その単元における子どもの学びの歩みであり，「どんな課題をもち」「どんなことを経験し」「どのように表現したのか」などを記録します。そうすることで，単元における子どもの学びが明らかとなるだけでなく，学習する上でのその子のよさを，具体的なエピソードを基に伝えることが可能となります。

③子どものプロフィールを作成する

子どもの様々な資質や能力は，時間と共に成長をしていきますが，個々人によってその度合いは違います。したがって，様々な視点から評価し，子どもと共有していくことが大切です。子どもが長所について自信を深め，次の学習に対する意欲と見通しをもつことができるように，どこがどのように伸びたか，または伸びなかったのか，その原因が何かなどを明らかにして子どもに伝えます。

例えば，子どものプロフィールを個人カルテに記録することも一つの方法です。その子がこれまでの学習や活動を展開していく中でどのように変わってきたのか，さらにどのくらい変わってきたのかについて，教師が子どもと共に学習や活動に取り組む中で感じ取ったことを「学習中のメモ」「行動の観察」「作品分析」「自己評価」「他者評価」などの多様な資料を参考にして，感じたままに記述していきます。その際に，その子なりの特性が感じ取られることが大切であり，他の子どもと比較し，違いとして感じ取ったことをプロフィールとして記述します。

❸絶対評価

学習は，経験の総体であると言われます。つまり，学習は個人のものであり，一人ひとりが自らの経験を通して，新たな価値を見つけ，これまでの学習内容を再構成することが，いわゆる「学ぶこと」であるといえます。したがって，こうした学習に対する評価は，一人ひとりの学びに対してなされるものであり，その子がどんなことをどのように学んだかという学びの内容が，評価の対象となるべきです。その評価方法が絶対評価です。

学びの内容に対する評価が積み重ねられることで，教師は，その子に合った支援が可能となるし，子ども一人ひとりの学びを保証する学習計画をつくることができるようになります。

評価方法には「ポートフォリオ評価」や「授業リフレクションによる評価」があります。これらの二つの評価方法を組み合わせることで，学びの内容が明らかになるだけでなく，次の学習に対する情報（フィードフォワード情報）を得ることができ，一人ひとりに対応した支援を生み出します。

今後，授業実践を通して，何をどのように学んだかを明らかにする「ポートフォリオ」や「授業リフレクション」による評価方法の開発と支援方法の具体化が求められていると思います。

❹メタ認知能力を育てる自己評価

メタ認知とは，人間が自己を認識する場合において，思考や行動そのものを対象として把握し認識することです。メタ認知を行う能力をメタ認知能力といいます。自分の行動や考え方，知識量，特性，長所，短所などを，別の次元から眺めて認識（モニターまたはバードビュー）することです。

自己評価とは，学習の活動の様子やその成果などについて，子ども自らが評価することです。そして，自分が学習したことを自分で「確認」して，次に自分がどうしたらよいか「調整」することでもあるのです。この自己評価は，子ども一人ひとりが日ごろの学習活動についての達成経験及びまわりの人から評価を受け承認されるという経験の積み重ねとして成立します。そして，子ども自身が自らの評価基準を持つことができるようになります。その結果，子どもがメタ認知能力を身に付け自己評価することができます。そして，以下のことが可能になります。

ア　活動の中で知識・技能等の獲得を目指すのではなく，自分の願いや学習目標の達成のために「自分なりの学習方法」を見つけることができ，常に確認と調整ができるようになる。

イ　自らの学習態度，意欲・意思等について確認し，よいところを伸ばし，不十分なところを補おうとする調整ができるようになる。

ウ　他者評価と自己評価が補完的な役割を果たすことで，教育効果をより高める。

このように，自己評価は，評価の手続きや価値判断を子ども自らが行うなど自分を対象化する作業です。その際に，子ども自身に評価の手続き，価値判断を求める場面を設定することが，自己を深く見つめることにつながり，後の学習に対して意識的，積極的に取り組むきっかけとなります。そこで，自己評価を学習活動に組み込む時には，適切な評価基準やより客観的に自己を対象化しようという態度が子どもに備わっているか確認することが重要となります。自己評価によって子どもが過度に甘いまたは厳しい判断を下してしまったり，自分で何のために何を評価しているかが分からなくなるような事態は避けるべきです。教師は，子どもが適切な自己評価を行うために必要な評価基準や態度を獲得できるように配慮することが大切となります。

その際，以下の留意点を踏まえておきます。

○それぞれの学習過程に合った学習内容と，自分自身についての評価をできるだけ客観的に自由記述として書き表せるようにする。

○自己評価した記録には，教師は他者評価としてコメントを書く。子どものよい点を見つけて伸ばす姿勢を持つ。

○自己評価活動導入時は，選択（○×等）させ，次第に書かせたい項目に書かせ，さらに自由記述にするなどの段階的な指導に配慮する。

また，自己評価を促すためには次のことに留意をするとよいでしょう。

○教師は理想とする自己評価の姿を意識させるような投げかけを続ける。

○自己評価をその子なりにうまくしている子の内容・言動などを取り上げて紹介する。

○子どもの活動を断片でとらえるのではなく，活動の様々な場面でとらえて評価する。

○自己評価を子どもに対する評価として利用しない。

このような自己評価を取り入れた学習によって，次の❺他者評価が可能となります。

❺他者評価

自己評価に対する評価として他者評価はあります。この評価は，「第三者による評価」であり，教師や友達・保護者・学習支援ボランティアなどが主な第三者となります。なお，友達と相互に評価し合う「相互評価」も他者評価の一形態です。他者評価は，自己評価力の向上のためには必要です。なぜなら，他者が評価することで，子ども自身の学習活動に妥当性を持たせるだけでなく，活動を前向きに，積極的に進めさせることができたり，プラスの面を引き出すことで，自らを認め，よりよい自分に高めようとすることにつながるからです。これまでの他者評価は，教師による評価が主流でした。しかし，保護者や専門家，学習支援ボランティアなども加えていきたいものです。また，少人数指導による学習指導の工夫改善により，ティームティーチング（ＴＴ）が広く行われるようになったので，ＴＴ教員も積極的に加え，多面的，多角的な評価も行うようにします。そこで，他者評価を行うためには次のような取り組みをしたいものです。

①評価の観点や評価基準を作成する

子どもの言葉・行動などの形で，できる限り具体的に示す。

②多様な評価方法を組み合わせる

評価する目的によって方法を変えたり，違う観点から評価する方法を組み合わせたりして，評価方法に偏りがないようにする。

③学習過程における評価を工夫する

学習指導を行いながら評価する（形成的評価）ことで，学習計画の修正や個別指導の強化など，一人ひとりの子どもの実態に応じた指導につなげる。

④複数の他者の評価を用意する

子どもの学習に関わる様々な人が評価することで，複数の見方ができ，より妥当性のある評価を導き出すことが可能となる。

こうした評価は，次の学習をデザインするために有効な情報であり，リフレクション（振り返り）という性格をもちます。この情報をもとに教師は，次の学習における「環境設定」「方略」「学習対象」を考えていきます。このような情報をフィードフォワード情報と呼び，これまでの指導がよかったか，悪かったかなどを評価するフィードバック情報とは違い，次の授業をデザインするために生み出されるものであるといえます。

他者評価の例としては，次のような方法があります。

① 子どもとかかわり，感じたことを伝える

・教師　・保護者　・専門家

② 自己評価カードに記述する

・教師　・保護者　・専門家

③ 作品，学習カードなどに記述する

・学習支援ボランティア

④ 単元のまとめ，通信票に記述する

・かかわった人など

⑤ 発表会，ポスターセッションなどで討論する

第７節　教師のコンピテンシー

❶教職員の服務制度

服務とは，公務員たる地位に基づき，職務上又は職務外において公務員に課せられている規律に服する義務のことを指します。その根本基準は，「すべて職員は，全体の奉仕者として公共の利益のために勤務し，且つ，職務の遂行に当つては，全力を挙げてこれに専念しなければならない。」とする地方公務員法（以下，地公法）第 30 条に拠ります（このことは，日本国憲法第 15 条第２節や教育基本法第６条第２節にも関連しています）。そして，公立学校の教職員は，地方公共団体の教育活動に従事する公務員であり，その者の勤務する学校を設置する地方公共団体の公務員です。（教育公務員特例法第３条や地方の教育行政に関する法律第 30 条，第 31 条，第 35 条に関連します）。さらに，市町村立学校に勤務する教職員で，その給与が都道府県によって負担され，その任命権が都道府県教育委員会に属している者（以下「県〈都道府〉費負担教職員」といいます）も，身分はその者の勤務する学校を設置している市町村の職員であることに変わりはありません（地方公務員法第 24 条，地方教育行政に関する法律第 42 条，第 43 条第１節にも関連します）。さらに，教職員の服務監督を行うのは，都道府県費負担教職員については当該教職員の身分の属する市町村の教育委員会ですが，直接には当該教職員の属する学校の校長が行います（地方教育行政に関する法律第 43 条に関連します）。

❷服務義務と内容

教職員の服務義務は，教職員が職務を遂行するに当たって守るべき義務のことです。その内容は，職務上の義務と，身分上の義務とに分けられます。

職務上の義務として

①服務の宣誓

職員は，条例の定めるところにより，服務の宣誓をしなければならない。（地公法第 31 条）

②職務上の義務法令等及び上司の職務上の命令に従う義務

職員は，その職務を遂行するに当つて，法令，条例，地方公共団体の命令に従う義務 規則及び地方公共団体の機関の定める規程に従い，且つ，上司の職務上の命令に忠実に従わなければならない。（地公法第 32 条）

③職務に専念する義務

職員は，法律又は条例に特別の定がある場合を除く外，その勤務時間及び職務上の注意力のすべてをその職責遂行のために用い，当該地方公共団体がなすべき責を有する職務にのみ従事しなければならない。（地公法第 35 条）

身分上の義務として

①信用失墜行為の禁止

職員は，その職の信用を傷つけ，又は職員の職全体の不名誉となるような行為をしてはならない。（地公法第 33 条）

②秘密を守る義務

職員は，職務上知り得た秘密を漏らしてはならない。その職を退いた後も，また，同様とする。（地公法第 34 条第 1 節）

③政治的行為の制限

職員は，政党又は政治的目的のために，寄附金その他の利益を求め，若しくは受領し，又は何らの方法を以てするを問わず，これらの行為に関与し，あるいは選挙権の行使を除く外，人事院規則で定める政治的行為をしてはならない。職員は，公選による公職の候補者となることができない。職員は，政党その他の政治的団体の役員，政治的顧問，その他これらと同様な役割をもつ構成員となることができない。（国公法第 102 条）

④争議行為等の禁止

職員は，地方公共団体の機関が代表する使用者としての住民に対して同盟罷業，怠業その他の争議行為をし，又は地方公共団体の機関の活動能率を低下させる怠業的行為をしてはならない。又，何人も，このような違法な行為を企て，又はその遂行を共謀し，そそのかし，若しくはあおつてはならない。（地公法第 37 条第 1 節）

⑤営利企業等の従事制限

職員は，任命権者の許可を受けなければ，営利を目的とする私企業を営むことを目的とする会社その他の団体の役員その他人事委員会規則（人事委員会を置かない地方公共団体においては，地方公共団体の規則）で定める地位を兼ね，若しくは自ら営利を目的とする私企業を営み，又は報酬を得ていかなる事業若しくは事務にも従事してはならない。（地公法第 38 条第１節）

第８節　未来の教師

❶自ら学ぶこと

教師はだれもが，子どもが授業を通して「分かった」「理解できた」といった学習への成就感を持つことを期待して日々授業に臨んでいるのではないでしょうか。しかも，自らが授業を行うことの結果として自ずとその成果についても期待していると思います。しかし，その反面，分からない，できないなどといった子どもの表れに悩むことが多いのも現実です。そうした悩みが続いたり，積み重なったりすると教師は，授業に対するモチベーションを下げていきます。その反対に，授業を行う教師自らが，自分で指導計画を立て，授業構想を練り，自らの責任で授業を行った時に，よりよい授業づくりへのモチベーションが高まります。

そこで，よい授業をつくためには，自らが日頃より研鑽に励むことはもちろんですが，ともに働く教師がお互いに授業の悩みを話し合い改善策を教え合うことが大切です。いわゆる授業に関する研修です。こうした研修は，与えられるものではなく，教師一人ひとりが目的をもって取り組むものであり，互いに学び合い，啓発し合うことで，質の高い資質・能力を身に付けることにつながります。さらに，自分の授業や他人の授業から学ぶだけでなく，校内外の指導者からアドバイスを受けたり，学年や教科のグループをつくり協働で活動したりしながら力量を高めるという方法もあります。

こうした営みは，いずれも授業をする力を向上させるためであり，このことは，教師として大切なことです。そして，教師一人ひとりが教員として，自分の立場や果たすべき役割を考え，意見を出し合って，自分たちの研修を自分たちでつくっていくという意識をもつことが大切です。研修をしたことによって，子どもに力がついたり，子ども自身が学習に進んで取り組むようになったりと成果があり成就感を味わう経験も必要となります。教師が自分の能力・技術・活動を客観視することで，自分の能力や技術を反省的・補足的に向上させていくことができるからです。

その際に，学校内外の様々な情報は，授業を行う上で必要不可欠だということを忘れないことです。教師は，それらの情報の中から取捨選択して授業に生かすことでよりよい授業づくりが可能となります。そのためには，教師の情報の共有が必要です。特に，児童の実態や教師が行った授業方法工夫改善などの情報は，教師同士が共有することでより質の高い授業を可能としますし，教師自身にとってもよりよい授業づくりへの意欲付けとなります。こうした情報は，書籍，教育関係機関のホームページ，教育に関する学会など様々なところで発信されています。そこから得た情報をうまく利用し，自らの授業や学級経営，生徒指導に生かしていくことです。その原点は，「自ら学ぶ」意欲であり姿勢です。自ら学ぶこととはそういうことです。教師としての資質としても大切です。

❷一人ひとりを育てる

教員を巡る様々な課題が日々報じられています。「授業崩壊・学級崩壊」「教員の仕事はブラック」「教員希望者の減少」「教員間のいじめ」などです。このような情報を受け取ると，「うちの学校は大丈夫なのか」「わが子を安心して預けられるのか」などの不安が広がり，疑心暗鬼の状態が生じます。

このような事態が発生すると，教師・保護者などの大人の目線で原因を探り，最もあてはまりそうな原因を求めて対症療法的な処置をして問題の解決をはかることが多く見受けられます。そして，事態の発生によって困ったり悩んだりしているのは，子どもであることを見失いがちです。子どもが学校生活や学習への意味を見失っている，困っているのは子どもであるという認識を教師や保護者が持つことが必要です。この認識があるからこそ，子どもの心や人間関係について考えるようになり，様々な学校・学級の根本的な問題が見えるようになり，より具体的な解決策が話し合われるようになります。

具体的に，どのような原因があるでしょうか。考えられることとして「教師の指導力不足」「学級経営の失敗」「児童生徒の規範意識の低下」「児童生徒のコミュニケーション能力の不足」「いじめをはじめとする学級内人間関係」「保護者の教師への無理解・非協力的態度」「発達障害に対する対応の遅れ」「教師間の価値観の相違」「硬直した教員関係」等があり，これらが複雑に絡み合うことが多いと捉えるべきです。

このような問題を解決し，「安心・安全」な学校環境にするためには，「学校教職員の協働的な働きかけ」「保護者との連携協力」を整えた上で「日常の情報共有」を行うことです。

例えば，学校教職員の協働的な働きかけとしては，対策チームを編成し，正確な学級の状況把握と対応方針を検討し支援体制を整備します。また，日頃から教育相談体制を充実して，子どもが学級や担任に対する不安を相談できるようにした上で，担任や担当者が問題をひとりで抱え込まないように支援体制を整えます。例えば，教師が初めに出した指示と次の指示が違っていたり，他の先生の指示が異なったりすると，子どもは迷い，不安になります。それが何度も続くと，次第に子どもは先生を信用しなくなります。やがて，指示・指導が行き渡らなくなります。ぶれない指導を心がけることが重要です。

次に，「保護者との連携協力」としては，家庭との連絡を密にし，子どもの抱えている問題や保護者の悩みに耳を傾け，力を合わせて解決していこうとする考えを伝え，相互理解を図ることが大切です。教師と親，親同士のつながりは，大きな力になります。日頃から，学年・学級便りなどの活用を他の教職員と共に取り組み，学年・学級と保護者とのつながりを密にしておくことです。

最も大切なことは，子どものことを教員がしっかりと見ていることです。日頃から，一人ひとりの様子（興味関心や特徴，現れや変化など）をつかみ，コミュニケーションを取ることを心がけることです。特に大切なことは，一人ひとりの個性を認めること，そして，その個性を最大限伸ばすことが教師の使命であると心がけることです。こうした，教師と子どもとのかかわりのよってお互いの信頼関係をつくることです。周りの人から個性を尊重され，認められるとき子どもは「安心・安全」な学校において持てる力を発揮し，成長していきます。

❸教育制度

少子高齢化・人口減少が進行し，急速な情報化や技術革新が進む中，教育を取り巻く環境においても例外ではなく，教育の在り方そのものが問われています。このことは，これからの学校は，保護者や地域住民の望む学校の具体的な姿を明らかにして，調和と統一のある教育計画のもとで，意欲をもった教職員が組織的な運営にあたることで学校の総合力を高めることが大切であることを示唆しています。つまり，学校の総合力を高めることは，子どもたちが深い教材研究と高い指導力に支えられた教員から授業を受けることや，地域や保護者の願いを受け止めて地域の教育力を活用したりすることによって，学校生活への満足度を高めることなど，健やかな子どもの成長を保証することにつながります。

子どもたちの学校生活の核となるのは，教育課程です。それは社会の変化を柔軟に受け止めていく「社会に開かれた教育課程」です。日本の子どもたちは，判断の根拠や理由を示しながら自分の考えを述べることや自己肯定感や主体的な学習に取り組む態度及び社会参画の意識が国際的に見て相対的に低いと言われています。そして，この課題を解決するために，社会の加速度的な変化にどのように向き合い，関わっていくかが問われています。その解決のための方略として，教育課程が有機的に関係し合うようにすることを提案しているのです。その上で，教育課程全体を通して子どもにどういった力を育むかという観点から教科を超えた視点を持ちつつ，それぞれの教科等を学ぶことによってどういった力が身に付き，それが教育課程全体の中でどのような意義を持つのか整理し，教育課程全体の構造を明らかにすることが重要なのです。そして，具体的には，「何を知っているか，何ができるか」（知識・技能），「知っていること・できることをどう使うか」（思考力・判断力・表現力等），「どのように社会・世界と関わり，よりよい人生を送るか」（学びに向かう力）として，18 歳または義務教育の段階で身に付けておくべき力は何かを明らかにして教育課程編成を行うことが重要だといえます。

各学校が教育目標を実現するために，学習指導要領等に基づき，どのような教育課程を編成し，どのようにそれを実施・評価し改善していくのかという「カリキュラム・マネジメント」が求められています。教育内容の改善のみならず，学習・指導方法や学習評価の改善，さらには，学校組織の改善が必要であり，校長の指導の下，各学校が編成する教育課程を核に，教育活動及び運営に至る学校の全体的な在り方を改善していきます。そして，学習の在り方そのものについて問い直しを目指すことが必要であり，「アクティブ・ラーニング」として子どもたちの主体的な学びを引き出し，どのような資質・能力を育むかという観点からカリキュラム・マネジメントと連動させていくことを目指します。次の３点に留意して改善を進めていきます。

ア　各教科の教育内容を相互の関係で捉え，学校の教育目標を踏まえた教科横断的な視点で教育内容を組織的に配列する。

イ　教育内容の質の向上のために，教育課程編成に一連の PDCA サイクルを確立する。

ウ　教育内容と人的・物的資源を活用しながら効果的な組み合わせをする。

そして，子どもたちにどのような力を付けていったらよいか，全職員がそれぞれの立場で考え，提案し，共通理解や合意形成を図りながら，課題解決に向けて努力します。例えば，「学校評価を生かした調和と統一のある教育計画の作成」「教師の持ち味を生かした組織的な運営」「教師の授業力を向上させて，分かる授業・楽しい授業・力のつく授業を構築」することなどが考えられます。また，教育内容を地域・保護者に向けて発信し，逆に受信もしっかりと受け止め，お互いに信頼し合う関係を築くための様々な取り組みも考えられます。情報を基に，総合的に分析してビジョンを具体的に描き，そのビジョンをもとにして，教育計画，効率的な学校運営，指導力のある教員の育成，危機管理，情報発信などの取り組みを教育経営構想として統合し，その質を高めていきます。

第2章　かかわりを育てる教育課程

第1節　教育課程と授業づくり

小学校や中学校，高等学校等では，日々授業が行われています。授業は，毎日同じ曜日の同じ時間に決まったように規則正しく行われます。大勢が一緒に生活する学校では，そのようにしなければたちまち混乱するでしょう。このように規則正しく授業が行われるために，学校にはどのようなきまりがあるのでしょうか。文部科学省は，「教育課程」を次のように定義しています。

「教育課程とは，学校教育の目的や目標を達成するために，教育の内容を子どもの心身の発達に応じ，授業時数との関連において総合的に組織した学校の教育計画であり，その編成主体は各学校である。各学校には，学習指導要領等を受け止めつつ，子どもたちの姿や地域の実情等を踏まえて，各学校が設定する教育目標を実現するために，学習指導要領等に基づきどのような教育課程を編成し，どのようにそれを実施・評価し改善していくのかという『カリキュラム・マネジメント』の確立が求められる。」

このことから，教育課程は，学校教育の目的や目標を達成するために，教育の内容を児童生徒の心身の発達に応じ，授業時数との関連において総合的に組織した学校の教育計画であると言えます。また，学校教育について定めた学校教育法では，その 33 条（教育課程）において次のように示しています。

「小学校の教育課程に関する事は，第 29 条及び第 30 条の規定に従い，文部科学大臣が定める。」

この「文部科学大臣が定める」という一文は，中学校の場合は学校教育法施行規則 72 条～ 79 条に，また学習指導要領については 74 条に明記されています。高等学校の場合は学校教育法施行規則 83 条～ 89 条に，学習指導要領については84条に明記されています。

つまり，教育課程の基準は，文部科学省が定めるということです。

そして，教育課程編制において大切とされる「カリキュラム・マネジメント」については，次のように述べています。

「カリキュラム・マネジメント」は，校長又は園長を中心としつつ，教科等の縦割りや学年を越えて，学校全体で取り組んでいくことができるよう，学校の組織及び運営についても見直しを図る必要があります。そのためには，管理職のみならず全ての教職員がその必要性を理解し，日々の授業等についても，教育課程全体の中での位置付けを意識しながら取り組む必要があります。また，学習指導要領等を豊かに読み取りながら，各学校の子どもたちの姿や地域の実情等と指導内容を照らし合わせ，効果的な年間指導計画等の在り方や，授業時間や週時程の在り方等について，校内研修等を通じて研究を重ねていくことも考えられます。

これは，管理職のみならず，全ての教職員が責任を持ち，そのために必要な力を，支援方策等を通じて，教員一人ひとりが身に付けられるようにしていくということです。また，「社会に開かれた教育課程」の観点からは，学校内だけではなく，保護者や地域の人々等を巻き込んだ「カリキュラム・マネジメント」を確立していくことも重要です。

さらに，教育委員会が決める教育課程には次のようなことがあります。

1.地方教育行政の組織及び運営に関する法律23条（教育委員会の職務権限）

教育委員会は，当該地方公共団体が処理する教育に関する事務で，次に掲げるものを管理し，及び執行する。

5節　学校の組織編制，教育課程，学習指導，生徒指導，及び職業指導に関すること。

この点について学習指導要領では次のように示しています。

第1　教育課程編成の一般方針

1.　各学校においては，教育基本法及び学校教育法その他の法令並びにこの章以下に示すところに従い，児童の人間として調和のとれた育成を目指し，地域や学校の実態及び児童の心身の発達の段階や特性を十分考慮して，適切な教育課程を編成するものとし，これらに掲げる目標を達成するよう教育を行うものとする。教育委員会は，教育課程を管理・執行する。

このように，文部科学大臣は，教育課程を定める。教育委員会は，教育課程を管理・執行する。そして各学校・園は，校務掌理権をもつ校長・園長の責任において，教育課程を編成する。ということになります。

第2節　教育課程の構造と編成

具体的に教育課程の編成はどのようにしているのでしょうか。また，カリキュラムには，どのようなものがあるのでしょうか。それぞれの構成の違いにより，いくつかに分類されます。

(1) 教科カリキュラム……学問の論理的知識体系を教科内容とし，教科の目的や性質によって国語・社会・数学・理科などの教科で構成

(2) 相関カリキュラム……教科の区分を踏襲しつつ，学習効果を向上させるため，二つないし三つの教科の相関をはかったカリキュラム

(3) 融合カリキュラム……教科・科目の区分等を共通の要素に基づいて融合し，新しい教科・科目や領域に再編成。

（例）生物・地学・物理・科学→理科

(4) 広域カリキュラム……教科の枠を取り払って，いくつかの教科を融合して，より広い領域で教育内容を再編成。

（例）大学教育→人文，自然，社会

(5) コア・カリキュラム……特定の教科，領域，社会問題などを中核（コア）に，必要とされる知識や技術を関連する教科・科目や領域として周辺に配置して，教育内容全体を有機的に統合

(6) 経験カリキュラム……既存の学問や教科の体系ではなく，児童生徒の興味関心から作成

(7) クロスカリキュラム……教科を横断的に柔軟性をもって行う教育課程でディメンション，スキル，テーマから構成

次に教育課程の役割について押さえておきましょう。例えば，中学校では，中学校学習指導要領第１章総則第１　中学校教育の基本と教育課程の役割について次のように書かれています。

4　各学校においては，生徒や学校，地域の実態を適切に把握し，教育の目的や目標の実現に必要な教育の内容等を教科等横断的な視点で組み立てていくこと，教育課程の実施状況を評価してその改善を図っていくこと，教育課程の実施に必要な人的又は物的な体制を確保するとともにその改善を図っていくことなどを通して，教育課程に基づき組織的かつ計画的に各学校の教育活動の質の向上を図っていくこと（以下「カリキュラム・マネジメント」という。）に努めるものとする。

そこで，教育課程の一般的な編成・改善の手順を次に示します。

①教育課程の編成に対する学校の基本方針を明確にする
②教育課程の編成・実施のための組織と日程を決める
③教育課程の編成のための事前の研究や調査をする
④学校の教育目標など教育課程の編成の基本となる事節を定める
⑤教育課程を編成する
⑥教育課程を評価し改善する

第３節　学習指導要領の変遷

終戦直後の昭和 20 年（1945）9 月に，文部省は「新日本建設の教育方針」を示して，民主的・文化的国家建設のために必要と考えた教育の基本方針を明らかにし，これを教育改革の出発点としました。連合国軍の占領下におかれていた当時，教育を改革することによって，国民の思想や生活を改変する必要に迫られていたからです。米国教育使節団が教育改革の基本方策を報告書として総司令部に提出し，この報告書に示された教育理念と改革の具体的な方策が戦後日本の教育改革の柱となりました。

最も基本となるものは日本国憲法に教育についての条文を掲げたことです。続いて教育基本法が制定されました。教育基本法においては教育の目標を定め，さらに教育実践の基本となる思想を簡明な条文として示しました。この教育基本法のもとに「学校教育法」，「社会教育法」，「教育委員会法」などの立法が行われ，これらが戦後教育の体制をつくりあげる基本規定となっていきました。

戦後の教育改革の一つに，六・三・三・四制による学校体系の改革があります。この学校体系の改革は小学校から大学にまで及ぶ全学校体系の改革であって，明治５年（1872）の学制頒布以来の大きな改革となりました。さらに，これまでの中学校，高等女学校，実業学校の三つの種別があった中等学校を単一の三年制高等学校に改めました。

このような改革をもとにして，学習指導要領の基準性の強化がなされたり，高校における知識偏重を避ける目的で昭和30年（1955）の学習指導要領改訂が行われます。

昭和30年代になって学力調査が行われますが，結果が思わしくなく，学力低下が見られ，経験主義や単元学習が批判されます。そこで，昭和35年（1960），各教科の持つ系統性を重視し，基礎学力の向上を目指す新しい学習指導要領の改訂がなされます。日本は高度経済成長期にあり，特に科学技術教育に重点が置かれました。

1960年代に入り，ソ連の人工衛星スプートニク１号の打ち上げ成功に衝撃を受け「スプートニクショック」が広がりました。その当時，アメリカの心理学者ブルーナーの『教育の過程』が取り上げられ，教育内容の現代化と高度化が進められました。昭和45年（1970）の学習指導要領は，このような背景の下で改訂され，戦後最も内容の多い指導要領となりました。これが，「詰め込み教育」や「おちこぼれ」といった教育問題を誘発し，社会問題となります。これらの問題を解決するために，多くなりすぎた学習内容を厳選し，ゆとりある充実した学校生活が送れるようにと昭和53年（1978）に学習指導要領が改訂されます。この改訂で，「人間性豊かな児童生徒を育てる」ことが教育の大事な要素であることが明記されます。後にゆとり教育の出発点となります。

昭和から平成に移る頃，「いじめ」「不登校」「校内暴力」といった「人間性豊かな児童生徒」とはかけ離れた問題が続出します。この問題に対応して個性尊重，自ら学ぶ意欲や主体的学習を重視し，生活科が設置され，体験的な学習や問題解決学習を取り入れることが大切だと考え，平成元年 (1989) 学習指導要領が改訂されます。ここでは，学習内容を削減し，関心・意欲・態度を育成する「新学力観」への転換が図られます。

続く，完全週 5 日制への移行が決まり「ゆとりの中で生きる力を育成する」ことを基本とした平成 11 年 (1999) の学習指導要領の改訂が行われます。この改訂では「総合的な学習の時間」が設けられ「選択教科」の増加により，学習内容はさらに削減されました。平成 15 年 (2003) には早くも一部改正が行われ，学習指導要領の示していない内容を加えて指導することも可能であるという基準性が明確化されました。

平成 20 年 (2008) 以降，PISA や TIMUSS に代表される国際的な学力調査の結果が公表されたり，全国学力・学習状況調査も復活したりするなど，学力向上が重要課題となりました。このような教育問題が表出する中，「確かな学力・豊かな心・健やかな体」の三本の柱に代表される「生きる力」の理念をさらに重視し，前回の改訂で少なくなりすぎた学習内容を見直し，時代の流れに沿った，知識基盤社会に対応できる人材を育成する観点も取り入れられた学習指導要領の改訂が平成 29 年 (2017) に行われました。

昭和 33 ～ 35 年改訂	教育課程の基準としての性格の明確化 （道徳の時間の新設，基礎学力の充実，科学技術教育の向上等）（系統的な学習を重視）
昭和 43 ～ 45 年改訂	教育内容の一層の向上 （「教育内容の現代化」）（時代の進展に対応した教育内容の導入）（算数における集合の導入等）
昭和 52 ～ 53 年改訂	ゆとりある充実した学校生活の実現＝学習負担の適正化 （各教科等の目標・内容を中核的事節にしぼる）
平成元年改訂	社会の変化に自ら対応できる心豊かな人間の育成 （生活科の新設，道徳教育の充実）
平成 10 ～ 11 年改訂	基礎・基本を確実に身に付けさせ，自ら学び自ら考える力などの［生きる力］の育成 （教育内容の厳選，「総合的な学習の時間」の新設）
平成 20 年改訂	「知識基盤社会」の時代において「生きる力」をはぐくむ （知識・技能の習得と思考力・判断力・表現力等の育成のバランスを重視）（道徳教育や体育などの充実により，豊かな心や健やかな体を育成）
平成 29 年改訂	社会に開かれた教育課程 （主体的・対話的で深い学び）（知識の理解の質を高め資質・能力を育む）（各学校におけるカリキュラム・マネジメントの確立）

第4節　現行学習指導要領の構造と特質

現在の学習指導要領は，平成20年(2008)改訂の学習指導要領の特徴を継続し，その上，より細かく，体系的になっています。

まず，第1章総則においては学校は，教育基本法，学校教育法に定められた目標・目的を目指して教育課程を編成することについて現行の指導要領で前文が新設され，より強調されています。

次に，教育課程の編成にあたって，計画，実施，評価，運営が連続されてなされることを求めています。Plan（計画）Do（実施）Check（評価）Action（改善）して教育活動の質の向上を図っていくというカリキュラム・マネジメントを学校運営の中核として位置づけ，学校評価と連動させることが求められています。

そして，学校の教育活動について「主体的・対話的で深い学び」という新たな学びを規定しています。これは，具体的にはアクティブ・ラーニングを指しています。

最後に，これまでの学習指導要領では「何を教えるか（コンテンツ）」が重視されてきましたが，現行では，どのような「資質・能力（コンピテンシー）」を身に付けさせるかを中心原理に位置づけました。その内容は「①知識及び技能の習得」「②思考力，判断力，表現力等の育成」「③学びに向かう力，人間性等の涵養」です。①②は，いわゆる学びの3要素（学校教育法第30条2節）のうちの「知識及び技能」と「思考力，判断力，思考力」に対応しています。しかし，③は，「主体的に学習に取り組む態度」ではなく「人間性」となっています。つまり，③で求める「資質・能力」には，道徳性を含む広範囲な内容を求めていると考えられます。

第5節　学力と成長を保障する教育課程と評価

学校が楽しいのは，勉強が分かるからとか，勉強ができるからというだけではありません。私のことを分かってくれる友達や私のよさを分かってくれる先生がいるからという理由もあります。学校のカリキュラムは，教科などの学習のカリキュラムと，日常の生活の中に潜むカリキュラムとで構成されています。前者を「顕在カリキュラム」といい，後者を「潜在カリキュラム」といいます。子どもたちは，教師のかかわり方次第で様々に変容します。教師の存在が大きいと言えます。教師は，子どもとのかかわりにおいて，自らの「価値観」や「雰囲気」を知らず知らずのうちに発信しています。例えば，間違うことは恥ずかしいことではないという雰囲気づくりと，子どもたちとの信頼関係がうまく構築できていれば，授業でも日々の生活においても，「学校は間違うところ。間違いから学ぶところ」と感じるようになります。教師は，子どもとのかかわりが本当にそうなっているかを振り返ることを忘れてはいけないと思います。子どもの表れをなるほどと受けとめることからはじめましょう。その結果，子どもにとって教師は，「意義ある他人」という存在になります。言い換えれば，「学級づくりと授業づくりが，プロ教師のコンピテンシー」であるといえるでしょう。では，プロのコンピテンシーは，どのようなことでしょう。一般的に，分かることやできることが増えると，考える力や表現する力が付くといわれています。その結果，学ぶ意欲が高まります。このような「学ぶ意欲」を教師は，直接「ほめ言葉」や「励ましの言葉」をかけたり，まなざしを注いだりして認めることです。このことは，子どもの人格や個性を認め，意欲を引き出すことにつながります。こういった教師の働きかけによって「自力で解決する力」「学び合い高まり合う力」「探求する力」「自ら学ぶ力」などの力が子どもの中に育っていきます。

子どもの育つ力は「評価」によって常に確認することが大切です。評価にこだわることで教師の授業力は向上し，子どもの学力も付いてきます。評価の基本は「指導の成果が上がっているか」を確認することです。言い換えれば「目標と指導と評価」を一体として考えるということです。そして，「この目標でよいのか」「目標実現に適切なプロセスか」「結果がよいのはプロセスがよいためか」「学びと育ちの両全を目指しているか」「テストだけの評価となっていないか」「一人ひとりの変容を確かめているか」「ほめ言葉や励ましの重要性を認識しているか」などによって，一人ひとりの伸びや努力したことを確認し，調整していく作業が求められます。

評価は，機能によって「診断的評価」「形成的評価」「総括的評価」に分類できます（第１章19ページ参照）。

教育課程は，学習指導要領において「目標」を設定し，指導を通して得られた結果を評価します。その際に，目標である「学力の３要素（「基礎的・基本的な知識・技能の習得」「習得した知識・技能を活用して課題を解決するための思考力・判断力・表現力等」「主体的に取り組む態度，学びに向かう力・人間性の涵養」）」を目指して計画が作られます。その計画に従って行われる教育活動の成果が目標に準拠しているか確かめる評価活動により，教え直しや軌道修正がなされます。このように，教育課程の入り口も出口も学習指導要領で規定されています。

具体的には，次のようなプロセスを経て，教育課程は作られます。

①各教科等の教育内容を相互の関係で捉え，学校の教育目標を踏まえた教科横断的な視点で，その目標の達成に必要な教育の内容を組織的に配列していく。

②教育内容の質の向上に向けて，子どもたちの姿や地域の現状等に関する調査や各種データ等に基づき，教育課程を編成し，実施し，評価して改善を図る一連のＰＤＣＡサイクルを確立する。

③教育内容と，教育活動に必要な人的・物的資源等を，地域等の外部の資源も含めて活用しながら効果的に組み合わせる。

また，教科の指導においても同様に，目標が学習指導要領で規定され教育活動（授業）の成果を評価していきます。例えば，中学校保健体育科では，文部科学省学習指導要領解説保健体育編第２章第１節第１目標において「体育や保健の見方・考え方を働かせ，課題を発見し，合理的な解決に向けた学習過程を通して，心と体を一体として捉え，生涯にわたって心身の健康を保持増進し豊かなスポーツライフを実現するための資質・能力を次のとおり育成することを目指す。」とあります。この目標の下で指導が行われ，指導要領において保健体育科の観点別学習状況評価の３観点「知識・技能」「思考力・判断力・表現力等」「学びに向かう力・人間性」で評価結果が記載されます。

教育課程の作成手順

①単元計画を作成する

○内容のまとまりごとの目標・評価規準を確認する。

○単元の目標を設定する。

○努力を要すると判断される児童・生徒の手だてを検討する。

○学習の大まかな道すじを図式化する学習計画を作成する。

※単元計画は，単元レベル（各学年における領域・種目）における学習指導の「基本計画」であると同時に「机上で授業をリハーサルする」という意味を持ちます。また，評価の規準を明確にした単元計画を示すことによって，指導と評価の一体化を図ることに役立ちます。単元計画には，「単元目標」，「単元目標を実現するための学習内容や活動」，そして「単元目標に対する実現状況を把握する評価規準と方法」が盛り込まれます。このうち「学習内容や活動」には，学習の展開に即した「学習のねらい」や具体的な児童生徒の学習活動，教師の指導や支援，つまずいている児童生徒への手だてなどが含まれます。また，「評価規準と方法」では，「まとまりごとの評価規準」「単元の評価規準」「学習活動における具体の評価規準」「具体の生徒の学びの姿」を明確に文章化します。単元目標とは，内容のまとまりごとの目標を実現するため，各学年段階で行う単元レベルで目標を設定したものです。内容のまとまりごとの評価規準と，学習内容の系統的整理をもとに，単元目標を設定します。

②学習活動を設定する

③評価規準に対応した見取る場面を設定する

④評価規準に対応した見取る方法を設定する

学習する内容（技能の内容，態度の内容，学び方の内容，または関心・意欲・態度，思考・判断，運動の技能，知識・理解の内容）のとらえ方を明確にするためには，その科目の特性を明らかにする必要があります。事前に，前単元等の評価の資料などをもとに，児童生徒のレディネスを把握することは，学習を計画する上で大切なことです。（学習開始前，学習のはじめの段階での評価）全くデータがない場合などは，児童生徒のその教科内容に対する意識や経験等をアンケート等により調査することも必要になります。また，学習意欲を高め，活動を活発にしたり，個人の実情に合わせて効果的に知識や技能の定着を図ったりするためには，場やルールに工夫を加えて，効果的な授業づくりをしていくことが大切です。

第６節　教科の種類と変遷

小学校における教科の種類は，明治19年（1886）に修身・読書・作文と字・算術・体操・図画・唱歌という近代的な教科構成ができ上がったのがはじまりです。これらの教科が基本になって終戦まで続きます。しかし，明治中期から末期にかけて，歴史・地理・理科・裁縫・手工が，昭和16年（1941）の戦時下に武道が新設されました。このように，日本が近代化を遂げるとともに教科の種類は増えてきました。第二次世界大戦後の教育改革においては，戦前の修身・歴史・地理・裁縫を廃止して，新たに社会科と家庭科が設けられました。そして，昭和33年（1958）の教育課程の改訂によって，道徳の時間が特設され，道徳教育が重視されるようになりました。

中等学校の男子については，戦前の旧制中学校，戦後の新制高等学校について見ると，小学校と同様に，明治19年(1886)に教科の近代的構成が完成し，それ以後，明治34年(1901)に法制および経済，明治44年(1911)に実業，昭和6年(1931)に作業科，昭和18年(1943)に修練等が付加され，教科の種類は多様化されました。戦後の新制高等学校の特徴としては，教科の種類がいちだんと豊富になったこと，必修科目が一部に限定され，選択教科が多くなったことが挙げられます。これは，個人の希望と適性を尊重するための制度でした。しかし，生徒が易しい教科や将来の進路と関係のない教科を選択する傾向が強まり，昭和31年(1956)・36年(1961)に教育課程の改訂が行われ，選択教科の幅がせばめられました。

このように，初等・中等学校の教科の種類は，時代によって多少の変遷はあるにせよ，明治19年(1886)にでき上がつた教科編成が基本になって現在に至っています。教科の種類は各時代ほぼ共通ですが，問題はどの教科に重点をおいたか，どのような教授内容を盛り込んだかということであるといえます。

本書では，教科の中から，戦後の日本で新設された社会科を取り上げて，教科の特性や授業構成及び評価について，実践事例を交えて第３章で紹介します。

第７節　生活科と総合的な学習の時間

戦後，教育課程のあり方を巡って，これまで「系統的カリキュラム」や「経験的カリキュラム」などが論じられてきました。昭和 61 年 (1986) の小学校低学年教育問題懇談会審議まとめでは，以下のように示されています。

> 小学校低学年教育の在り方全体を視野に置き，小学校低学年の子供の発達上の特性や学校教育の基礎段階であることなどを踏まえ，低学年教育のねらいがより充実して達成できるようにするためには，教科を集約し再構成した方が適当である。①児童が自分たちとの関わりにおいて人々（社会）や自然を捉え，②児童の生活に即した様々な活動や体験を通して社会認識や自然認識の芽を育てるとともに，③そのような活動や体験を行う中において自己認識の基礎を培い，生活上必要な習慣や技能を身につけさせ，自立への基礎を養う。

また，平成 10 年 (2000) の教育課程審議会答申では，「総合的な学習の時間」を創設する趣旨として，以下のように示されています。

> 各学校が地域や学校の実態等に応じて創意工夫を生かして特色ある教育活動を展開できるような時間を確保することである。また，自ら学び自ら考える力などの［生きる力］は全人的な力であることを踏まえ，国際化や情報化をはじめ社会の変化に主体的に対応できる資質や能力を育成するために教科等の枠を超えた横断的・総合的な学習をより円滑に実施するための時間を確保することである。我々は，この時間が，自ら学び自ら考える力などの［生きる力］をはぐくむことを目指す今回の教育課程の基準の改善の趣旨を実現する極めて重要な役割を担うものと考えている。

このように，生活科と総合的な学習の時間は，戦後日本の教育課程編成を考える上で，重視しなくてはならない教科であり領域です。そこで，第４章，５章では，生活科と総合的な学習の時間について，その趣旨を実践事例を交えて紹介します。

第3章 かかわりによって市民的資質を育てる社会科と評価
～協働提案型社会科を事例にあげて～

第１節　市民的資質と社会科

情報量が多く，複雑で，日々高度で専門的な内容となっていく現代の社会的問題を小学生が理解し，解決を図るのは難しいことです。そこで，問題を他人と話し合って解決し，さらにそこから新たな「問い」が生まれ継続的に知を創造する体験を繰り返していくことが求められています。それは，自分と異なる「問い」や「疑問」あるいは「質問」や「意見」などから，自分自身の見方・考え方をもう一度見直して再考し，他人の意見を取り入れて自分の意見を再構築すること（建設的相互作用）です。この「建設的相互作用」は，協働での問題解決場面では，学習者は「一緒に考えている」ように見えますが，実際には他人の意見や考えを取り入れながら自分自身が納得する解決策を考え出しているといわれています。さらに，子どもが建設的な話し合いをはじめるための足場掛けについて「担当した資料について具体的な証拠と抽象的なまとめの構成要素を備えること」「それら要素について自分なりの関連付けをした上で話し合いに臨める状態が望ましいこと」が指摘されています。また，「協働」とは「自らが属する組織や文化の異なる他者と一つの目標に向けて互いにパートナーとしてともに提案をすること」を指します。このような協働により社会的問題を探究し，その結果を提案する社会科授業を「協働提案型社会科授業」と称します。

21 世紀型スキルのうち市民性を育てるスキルとしての「推論及び批判的思考力」「コミュニケーション力」「探究型問題解決力」「価値形成力」を育てることを目的とします。

❶ 推論および批判的思考力とその育成過程

私たちは，社会的問題を解決することで社会生活を豊かにすることができます。社会的問題を解決するためには，開かれた自由な討論を通じて互いの立場を理解することが必要です。したがって，社会的問題を批判的に分析し，客観的で合理的な判断を下すことのできる批判的思考力が求められているのです。「批判的思考」とは，「証拠に基づく論理的で偏りのない合理的思考」「規準（criteria）に従う思考」「自分の思考過程を意識的に吟味する省察的（リフレクティブ）で熟慮的思考」「より良い思考を行うために目標や文脈に応じて実行される目標指向的な思考」のことです。そこで，批判的思考力を「生活に必要な情報を正しく読み取り，人に正確に伝え，考えの違う人の意見に耳を傾け，責任をもち自律的に社会に関わり，倫理的・道徳的判断を行い，社会的問題を解決する力」と考えることにします。

子どもは，批判的に読み，聞き，話し，書くことをとおして推論をはじめとする思考活動を行っています。このような思考活動は，相手の発言に耳を傾けたり，証拠や論理を的確に解釈し，自らの考えを振り返り，より確かな考えにたどり着くための大切な要素です。

批判的思考力は，いくつかの過程を経て育ちます。その育成過程は，次のとおりです。

①情報を明確化する

明確化は，今取り組んでいる「課題」，それに対する自分もしくは他者の「主張」・「根拠」について正確に把握しようとするプロセスで，課題解決に関連する重要な要素を明らかにすることです。

②推論をするための土台を検討する

推論の土台の検討では，「根拠」に焦点があてられます。根拠は，あれば良いというものではなく，明確化で明らかにした根拠が，根拠としてどの程度確かなものなのかについて，さまざまな観点から確認します。確かさの判断基準は，根拠が「意見か事実か」「意見だとしたらその発信者（情報源）はどのような人か」「調査対象・サンプル数・調査方法などが適切か」を検討し，その結果が確かなものかどうかを確認します。

③推論を行う

推論では，課題と主張と根拠のつながり，および根拠の導き方に着目します。根拠は主張に，主張は課題にきちんと対応したロジカルなものかどうかについて考え，飛躍・誤りがあればそれはなぜかを検討します。課題・主張・根拠の不整合をなくし，各要素のつながりは適切か，不整合の場合それはなぜかを検討します。

④問題解決を図り意志決定をする

問題を解決するためには，強くはっきりとした意向が必要です。思いだけでは十分な決定はできません。つまり，社会的問題に対する確固たる意志決定能力は社会認識を習得し，それを生かした価値判断をすることにより可能となります。そのためには自分自身を含む状況を客観的に捉える「メタ認知」が大切です。このような能力は社会的問題を価値判断に基づいて選択・決定し解決する意志決定型社会科授業により育成されます。

2コミュニケーション力とその育成過程

近年，情報化社会により，ますますコミュニケーションが重視されています。コミュニケーションとは，「社会生活を営む人間の間で行われる知覚・感情・思考の伝達」です。授業では，様々なコミュニケーションにより，児童は学びを深め広め，より高次の学習内容を習得しています。したがって，授業におけるコミュニケーションとは，「授業または学習活動において，一人ひとりが感じたり，考えたりしたことを表現し合い，課題に向かって協働で解決に取り組む学習活動」といえます。

社会科教育の目標は，「批判的思考力と態度をもち，生活に必要な情報を正しく読み取り，それを人に正確に伝え，考えの違う人の意見に耳を傾けつつ適切に行動する」(＝コミュニケーション力のある）人間を育てることです。これが，「市民的資質を育む」ということです。

3探究型問題解決力とその育成過程

日常生活や社会に目を向け，児童が自ら課題を設定すること，探究の過程（問いの発見→仮説の設定→資料の収集→検証→説明的知識の習得→価値判断→未来予測・意志決定）を経由することによって問題解決力が育ちます。この過程では，自らの考えや課題が新たに更新され，探究の過程が繰り返されます。「問いの発見」とは，「なぜ（疑問）」をもつことです。次に，どうしてそのような問題が生じているのか，原因を追究します。そして，現実の社会環境や社会生活などの現状を明らかにして原因を特定し，このようになればよいだろうと自分なりの考えをもちます。つまり，現状と考えを分析し定義します。最後に，この両者の違いから，何が問題なのかを整理して言語化して，自分が決めた解決策を行動に移します。解決が思ったよりもうまくいかない場合は，最初の問題把握が十分でなかったとして問い直します。この繰り返しにより探究型問題解決力が育ちます。

❹価値形成力とその育成過程

価値とは，「どれくらい大切か，またどれくらい役に立つかという程度。またその大切さ」です。価値観とは，「物事の価値についての，個人・世代・社会の基本的な考え方」です。そして，人は，価値観に基づいて自らの行動を選択したり，判断したりしています。

したがって，主体的に判断し行動する資質の基盤として価値観を尊重し，自らの価値観によって社会事象を認識し，判断し，行動することが合理的意志決定能力の形成に結び付くといえます。価値観形成は，①価値観を批判的に相互検証し，互いに承認可能な価値に基づく価値観の調整を行うという〈批判・調整の原理〉と，②自己と他者の存在を前提とし，社会的過程を経るという〈社会的形成の原理〉という二つの原理を基本としています。

以上のことから，価値形成力を「ものごとを評価・判断するときや何にどういう価値があるかという判断をする際の基準を明らかにし，生活の場面に生かす力」といえます。

第２節　単元計画・指導計画の作成

単元計画を作成するためには，まず，学校の全体計画・年間指導計画において，社会科の目標や他教科・領域との関係を確認します。次に，単元構想を作成するために，「学習指導要領の目標と内容の関連」「児童の興味・関心」「教師の願い」「教材の特性」「指導方法」「学習環境」の視点から考えます。どの視点から構想をはじめてもよいのですが，他の視点と合わせて考えます。例えば，「児童の興味・関心」から考えれば，児童の主体的な活動が保障できます。「教師の願い」から考えれば，どんな内容について学ばせたいのか，どんな資質や能力及び態度を身に付けさせたいのかを明確にした単元構想が可能となります。また，教材（学習材）とは，児童の学習を動機付け，方向付け，支える学習の素材のことです。「教材の特性」から考えると，どのような問題解決や探究活動を行うことができるか，はっきりと見通すことができます。

社会科は，探究的な学習をすることで市民的資質が養われます。そこで，児童主体の価値ある探究的な学習にするためには次のポイントを押さえます。

①児童による主体的で粘り強い問題の解決や探究活動を生み出すために，児童の関心や疑問を重視し適切に取り扱います。

②問題の解決や探究活動の展開においては，児童が主体的に進める活動ができるように，教師が意図した内容を児童が自ら学んでいくような単元構成が大事です。社会事象についての関心や疑問から児童はどのような活動を求め展開していくだろうかと考えます。そして，活動の展開において出会う様々な問題場面とその解決を目指して児童が行う問題の解決や探究活動の様子を思い描きます。さらに，それぞれの学習活動を通して児童が学ぶであろう社会事項について，考えられる可能性をできるだけ多面的，網羅的に予測します。その時留意すべき点は，各学校で決められた内容や育てたい資質や能力及び態度との照らし合わせをすることです。

最後に，単元構想の実現が可能かどうか検討します。まず，単元を構成する諸活動を考えた後に，各活動が児童の意識や活動の自然な流れに沿って展開できるかを検討します。流れに不自然さや無理がある場合には，順番を入れ替えたり，活動の間に別の活動を挟んだり省略したりすることで，単元構想の実現可能性をより高めることができます。続いて，各活動の「授業時数」「学習環境」「学習形態」「指導体制」「各教科等との関連」等の多様な視点から単元構想が実際に実現可能かどうかを吟味します。

以上の作業が終わったら，単元計画としての活動内容を学習指導案の形に書き表します。単元計画・指導案の構成として次のような項目が考えられます。

「単元名」「地域や学校の特色」「単元目標」「社会の要請」「児童の実態」「校内研修との関連」「育てようとする資質や能力及び態度」「各教科等との関連」「学習課題，学習対象，学習事項」「単元の評価規準」「教材について」「指導計画・評価計画」「教師の願い」

こうした，単元計画・学習指導案作成と筆者の提案する社会科授業構成原理である「協働提案型社会科」の具体例を第３節以降で紹介します。

第３節　協働提案型社会科とは

他者との協働による問題解決という視点から「学び合い」のある授業をつくるためには建設的相互作用に依拠した次の３点が大切です。

①学習課題を明確化し，学習者が共有できるようにすること。
②課題解決は，個別－協働―個別での考えの適用という全体の流れのもとで，個々人が学習集団全体での学習に参加し，またその学習成果を自分のものとする機会を設けること。
③協働の課題解決場面で，自分とは異なる多様な意見が「見える」状況において，それぞれの考えを比較しながら説明できること。

このことから授業方略として，学習過程において，一人で問題についての考えを構築する場面と集団において意見交換する場面が必要であるといえます。また，お互いの意見が開示されていて常に自分の考えと比較検討できるような方略が必要であるともいえます。

そこで，同じ考えをもった人のグループ（基本グループ）でお互いに情報交換をしながら考えをより確かなものにしてグループの意志決定をします。次に，違う考えを持った者が集まり（交流グループ）意見交換をします。その過程において，自らの考えを振り返り，自らの考えを修正して新たな考えを創り出すことができます。続いて，意見交流を行った後で，基本グループにおいて再度話し合いをします。ここでは，グループメンバーが様々な意見を聞いて取り入れ，自らの考えを振り返りより良い考えを導き出します。そして，グループとしての提案を導き出すようにします。その際に，個々の意見については，尊重し，グループ意見に盛り込むことに配慮します。

こうした協働的な学習を行うことで，社会的問題解決の提案をすることが可能となります。

子どもは，一人では視点として取り入れられないことも複数で取り組むことで，たくさんの選択肢の中から考えることができるようになります。また，一人ひとりの特性や得意分野をもとにお互いが自分にはない知識や技能などを提供し合うことで，より一層多面的な見方・考え方ができるようになります。しかし，留意すべきこととして，集団による課題解決であることから，集団であるがために考えが深まらないことなどがあります。そこで，例えば，一人ひとりが開かれた関係であり，公平であるためには，常にお互いが批判的に評価し合う「相互評価」を取り入れたり，構成メンバーを入れ替えたりするなどの配慮が必要です。この過程を導入することによって，様々な課題について「提案・判断」する協働提案型社会科授業となります。このような授業は，個人を越えて，人と人が協働して解を求めて学び合い，深めていく学習であるといえます。その重要な視点は，「批判」「調整・吟味」による授業プランを構想することです。

協働提案型授業構成原理においては，「主体的・協働的な問題解決の場面を経験する場」を設けます。これにより，子どもがお互いの意見を根拠を基に協働で課題解決・価値判断・意志決定し，協働で提案を行うことが可能となります。個々の価値判断を認め，協働提案だけでなく，個人の意見や考えを認め合い，個人提案も可能とすることに留意します。

協働提案型社会科授業構成原理の構造

段　階	学　習　活　動	学　習　の　場	留　意　事　項
「問い」の発見・仮説設定	①社会問題に関わる資料から「問い」を設定する。 ○「問い」をもとに学習問題を明らかにする。（調整・吟味） ②学習問題を把握し，問題に対する仮説を明らかにする。 ○仮説ごとにグループ（基本グループ）を作る。 ○グループごとに，仮説を提案し合う。 ○「問い」に対する仮説を整理し，明らかにする。（批判，調整・吟味）	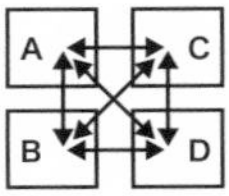	・社会的問題から資料を用意し，児童の実態に応じた「問い」を提示する。 ・ワークシートを用意し，仮説を記述させる。
事実的社会認識の獲得	①探究活動を行う。 ○一人ひとりが資料をもとにして，調べる。（批判） ○資料から分かることを整理する。（調整・吟味） ②調べて分かったことを持ち寄りグループで話し合う。 ○資料から分かったことをグループの人と確認する。（批判） ○話し合いで新たになったことを付け加え整理する。（調整・吟味） ③「問い」についての「解」を整理する。 ○自分なりの意見を吟味して,「解」を明らかにする。(調整・吟味) ④異なる「解」の人でグループ（交流グループ）を作り，意見交換をする。 ○お互いの「解」を発表し合い，価値判断が分かれる事柄を絞る。（批判） ○他の人の意見を参考にして，自分の意見を修正する。（調整・吟味）	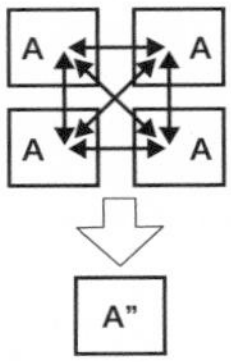	凡例 A：意志決定 A”：新たな意志決定 ・「問い」に関わる事実関係的知識を整理して，ワークシートに書き入れる。 ・調べて分かったことを整理し，そのことについての自分の考えを記載する。 ・違う「解」との意見交流を行い，自らの「解」に不足していることを補う。 ・互いの答えと根拠を検討させる。 ・納得するまで話し合わせる。
価値判断	①基本グループごとに話し合い解決策の提案を行う。 ○修正した「解」を発表し，意見交換を行う。 ○相反する「解」を取り上げて自らの価値判断をもとに討論をする。（批判） ②立場，根拠を明らかにして話し合い，自分なりの価値判断により提案の吟味を行う。（批判，調整・吟味）	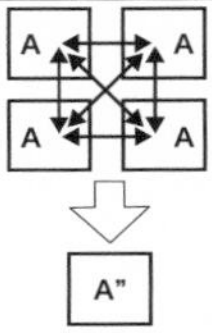	・社会的問題の「解」として，子ども達が対立しやすい事柄を選定し，是非について討論する。 ・自らの価値観を明らかにする。 ・根拠を基にして発表させる。
意志決定・未来予測	①より望ましい提案の選択・決定のもとで協働提案を行う。 ○学級全体で討論し，出された意見を踏まえて，個人の意見をまとめる。（調整・吟味） ○基本グループに個人の意見を持ち寄ってグループで意見交換する。（調整・吟味） ○基本グループとしての意見をまとめ，意志決定し，提案内容を書く。（調整・吟味） ○グループの意見以外の個人の意見をまとめ，意志決定し，提案内容を書く。（調整・吟味）	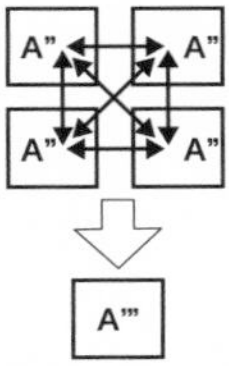	・自分の出した「解」について情報交換を行う，自らの「解」に不足していることを補い，ワークシートに書く。 ・違う「解」との意見交流を行い，自らの「解」に不足していることを補う。 ・全体で討論を行い合意した内容を複数提案する。

社会的問題の選定規準（環境，資源，教育，文化，健康，安全，経済，労働）					
三・四年生	地域社会生活に関わる社会的問題 ・地域のゴミ処理問題 ・地域の伝統文化の継承問題 ・地域の商品購入問題 ・地域の災害，交通事故問題	五年生	国民生活に関わる社会的問題 ・食料に関する問題（食の安全，食品廃棄，食品偽装など） ・環境，資源に関する課題（資源枯渇，原子力，自然エネルギー，水，自然環境，地球温暖化など） ・安全に関する問題（防災，自然災害，ネットセキュリティーなど） ・人口に関する問題（少子化，高齢化，過疎地域など）	六年生	国際社会に関わる社会問題 ・文化に関する問題（外国人労働者，異文化コミュニケーションなど） ・経済に関する問題（貧困，経済格差，過疎地域など） ・歴史に関する問題（地域紛争，TPP，戦争など）

第４節　社会科授業の実践①

1 単元名／実践者

小学校６年「わたしたちの願いを実現する政治～高齢者福祉を考える～」
／長川智彦教諭（兵庫県・公立小学校）

2 単元の設定理由

本単元は，小学校学習指導要領【社会】第６学年の内容（2）のアを受けて設定したものである。内容（2）のアについて，解説社会編には，「市（区，町，村）や県（都，道，府），国による社会保障，災害復旧の取り組み，地域の開発などの事例のいずれかを取り上げ，その事業が国民生活の安定と向上を図ろうとする地方公共団体や国の政治の働きによるものであることを具体的に調べること」(30) と示されている。社会保障については，「高齢者や障害者のための福祉政策，健康医療に関する事業」が例として挙げられている。そこで，本単元では，地方公共団体の取り組みの中でも，高齢者福祉を取り上げ，それが成立するまでのしくみや福祉のあり方について学習する。「超高齢社会」という言葉が示すように，高齢者人口の増加に伴う医療，介護制度の整備は，我が国において喫緊の課題である。それは次世代を担う子どもたちにとっても，避けてとおることはできない課題でもある。また，地域の取り組みについて学習することは，より望ましい社会のあり方について考えていくきっかけにもなる。このことから，「よりよい社会の形成に参画する資質や能力の基礎」を培うことができると考えた。

3 単元目標

①高齢者福祉政策など政治の働きについて関心をもち，我が国の政治について意欲的に調べている。〔学びに向かう力〕
②高齢者福祉政策などの政治の働きの是非の分かれる政策について根拠をもって自分の考えを表現している。〔思考力・判断力・表現力等〕
③政治の働きについて，各種基礎的資料を効果的に活用して具体的に調べ，調べた内容や結果をノートにまとめている。〔知識及び技能〕

④高齢者社会福祉の様々な事業や制度は，人々の願いや社会の動きを反映して決定されるが，その決定は議会をとおして公平に決定されることを理解している。〔社会的事象についての知識・理解〕

4 単元展開について

1時間目から7時間目までは，「問い」から学習問題を作成させている。グループでは，自分と同じ考えの者同士（基本グループ）で，資料を基にして根拠を明らかにする活動を行う。そして，根拠を基にして考えをより一層明確にして意志決定を行う。その際に，個人の考えをあくまでも尊重し，グループで考えたことに個人の考えを加えて意志決定することも認めることとする。続いて，異なる意見の者同士（交流グループ）で，意見交流を行い，新たな見方・考え方を取り入れて，自らの意見を修正していく。再び基本グループにおいて，情報交換と意見交換を行う。この場において，グループの意見を提案（協働提案）としてまとめる活動を行う。この提案において，個人の意見にこだわる場合は，協働提案に加えても良いこととする。さらに，個人で提案することも可とする。

また，授業展開を進めていく上で，「統計を活用し，高齢者福祉への興味・関心を高めさせる」「協働提案には価値の対立が生じることを捉えさせる」「問題に対しての解決策を考えさせる」「解決策のメリットとデメリットを比較し，判断の吟味をさせる」ことに留意する。このことにより，独りよがりではなく，お互いの意見を認め合った協働提案ができる。

5単元計画（10時間扱い）

小単元名／「学習問題」	時数	学習活動
高齢者の増加とそれに伴う社会的課題 「なぜ，高齢者のための施設が増えてきているのだろう」	1	○統計資料をもとに高齢者のための施設が増えてきている理由を考える。 ・高齢者福祉に関心をもつ。・高齢化が進むとともに，介護が必要な高齢者が増え，家族での介護も難しくなっている。
高齢者のための施設 「高齢者のための施設は，どのようなことを行っているのだろうか」	1	○写真資料をもとに高齢者のための施設で行っていることを調べる。
高齢者のための様々な取り組み 「高齢者のための取り組みはどのようなものがあるのだろう」	1	○姫路市のホームページをもとに，姫路市が行っている高齢者のための事業を調べる。 ・高齢者福祉事業を調べ，まとめる。
地方自治と地方公共団体 「姫路市はどのような事業を行っているのだろう」	1	○写真資料をもとに姫路市にある施設の使用目的について話し合う。
わたしたちの生活に使われる税金 「地方自治に必要な費用はどのようにしてまかなわれているのだろう」	1	○ゲストティーチャーの話をもとに税金のしくみについてまとめる。 ・税金は，様々なところから集められ，わたしたちの生活の向上のために使われていること
人々の願いと政策決定 「なぜ，事業をはじめるのに議会の決定が必要なのだろう」	1	○議員選出までの過程を調べ，議会の決定が必要な理由について考える。 ・市民にとって公正な政策を実行するために議会が設置されていること
国の政治のしくみ 「国の政治はどのように進められるのだろう」	1	○教科書や映像資料を活用し，国の政治がどのように進められているのか調べる。 ○提案した解決策を実行した場合，それぞれどうなるか予測し，意志決定をする。
高齢者の抱える問題 「なぜ，在宅での生活を望む高齢者が施設の入所を希望するのだろう」「高齢者が安心して暮らすためにはどうすればよいのだろう」	1	○既習知識をもとに高齢者が施設への入所を希望する理由について考える。 ・経済的な理由や家族介護ができないことから施設へ入所したいが，施設整備が十分ではないことから施設に入れないこと
対立する高齢者福祉の考え方 「自分が介護をする立場なら，どの解決策がもっとも望ましいだろうか」	1	○待機高齢者問題の解決策を考える。
これからの高齢者福祉 「高齢者が安心して過ごせる社会にするためには，どうすればよいだろう」	1 〈本時〉	○自分の考えとは異なる意見の友達と話し合いを通して，より高齢者福祉のあり方について考える。

6本時案

①目標

・待機高齢者問題の解決策について，意見の異なる友達をふまえて判断することができるとともに，望ましい高齢者福祉のあり方についてまとめることができている。【思考・判断・表現】

②学習の展開

主な発問と評価	児童の活動と内容	教師の支援と留意点
○同じ解決策を選んだ友達と話し合いをしましょう。	①問題の解決策について同じ解決策を選んだ友達と話し合う。 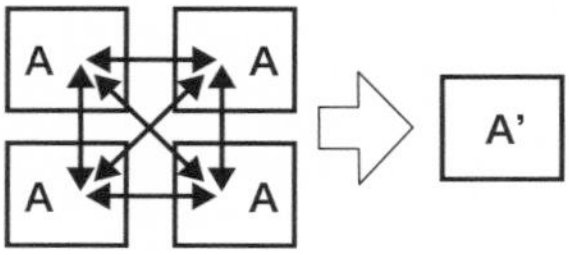 	○なぜ，その解決策を選んだのか，根拠を明確にして話し合いをさせ，説得力のある根拠を構築させる。
○意見の異なる友達と話し合いをしましょう。	②問題の解決策について異なる解決策を選んだ友達と話し合う。 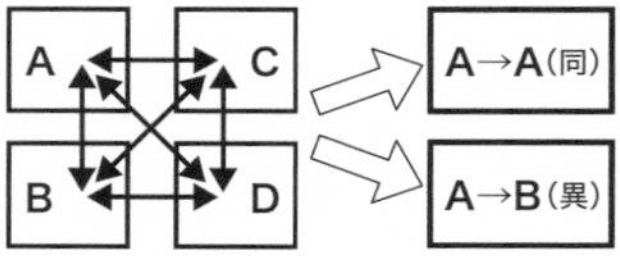 	○話し合いを通して，納得がいくところ，いかないところをノートに整理させることで，最終的な意思決定の材料にさせる。
○話し合いをふまえて，政策としてふさわしいと思う解決策を選びましょう。 評価 これまでの学習をふまえて高齢者福祉についての考えが書けているか。【思考・判断・表現】ノート	③解決策について意思決定する。 ・税金の負担はあるけど，国や地方公共団体が施設をもっと増やすべきだ。安心して高齢者が過ごすことができる。 ・税金を増やしてもできることは限られている。地域の人たちの協力によって少しでも高齢者の不安を解消していくべきだ。	○国民（市民）の意見を聞くことが議員の立場であることを伝え，最終的な意思決定は，議員の立場で考えさせるようにする。
○これから高齢者が安心してくらしていくためには，どうすればよいでしょうか。 評価 根拠をもって自分の考えを表現できているか。 【思考・判断・表現】発表・ノート	④学習のまとめをする。 ・これから高齢者が増えていくわけだから，まずは高齢者の安心のためにも税収を増やして，施設をつくったり，訪問介護を充実させたりしていくことが必要だ。また，同時にボランティアの介護のやりがいも伝えていくことで，みんなに関心をもってもらうこともしていかなくてはならない。	○解決策の優先順位をつけ，複数の解決策をどのように組み合わせていけばよいかを時間軸（まずは○○，次は○○）や空間軸（○○な状態の高齢者は○○を利用できるようにしていく）をもとに考えさせる。

7 授業記録

教師が，黒板に前時の学習で出た意見をまとめた内容を示し，黒で書いた箇所がいい点，赤で書いた箇所があまり良くない点であることを伝えた。そして，「たとえば，地方公共団体の施設を使うのは家族の負担が減るし高齢者は安心できる。でも高齢者が本当に望んでいるのは家で暮らすことだったね。家で生活できるように施設を充実させるためには，税金を若い人が払わなくちゃいけない，ということもあります。しかし，民間の会社が施設をつくったとしてもそれぞれにいい点とよくない点がある。家族で世話をしてもいい点悪い点がある。ということになるね」と子どもたちに確認した。その上で「民間会社が老人ホームを作った場合，いい点というと当然家族の負担が減ったり安心したりするけど，地方公共団体が作るよりも民間が作ったほうが高齢者にメリットがあるとしたらどんなことだと思う？」と尋ねた。

まず，Aさんが「民間の方が，ちょっと高いけど健康的に住みやすい」，Hさんは「施設が民間の方がいい」と答えた。これを聞いて教師は，「民間の方が設備がいいかもしれないね。地方公共団体の方は限られていることがあるよね。ということは，民間の施設の方が税金で建てた地方公共団体施設より，よりよい介護を受けられているということが言えそうですね」そして，「家族が高齢者を介護するときのメリットを考えてみよう。家族の負担は確かに大きいよね。日頃から働いている人が多いからだよね。しかし，高齢者の立場から見るとどうでしょうか」と聞くと，Tさんは「毎日見ている人見られている人だから世話しやすい」と答えた。するとNさんが「先生これって高齢者の人と介護している人が一緒に住んでいるってこと？」と聞いたので，認めると「私は住み慣れているから住みやすい」と答えた。その考えを認め「それ言えるね。本当に自分が住んでいるから言えるんだね」と伝えた。それを聞いて，Kさんが「住み慣れているから自分の意見を言いやすい」と言ったことに対して「慣れているからだね。ちょっとぐらいわがまま言ってもね。聞いてくれるかもしれない」と答えた。Mさんが「家族と一緒に住んでいるので民間や国とかが作った施設よりずっといるので，いきなり倒れてもちゃんと家族がいるということだと思う」と答えた。

この後，話し合い活動に入る予定なので，その前に確認をした。

「みんなはいろいろな選択肢を選んだんだけれど，地方公共団体の施設，これを望む人ってどういう人でしたか。あまり費用がかからないところがいい，家族がやるのが大変だし自分がすべてやるのは大変だ，費用が安いところしか入れない，生活が苦しい，などでしたね。民間の施設に入ることを望む理由は，対応がいいこと，自分の家のような感じで過ごせること，自分の時間があること，などでした。このような民間の施設は何万人も全国で待っている人がいるし，自分で決められるから自宅から近い距離のところで選べるというメリットがある。高齢者の世話に住民参加があったり，NPO団体で利益を求めない人たちが集まっているから安心できる。ボランティアでやっている人も多い。地域の人たちと交流できる。

国はどういうことを進めているかというと，高齢者の自立や，高齢者自身が受けたい介護を受けられるようにすること，住み慣れた場所に住んでほしいということ。施設に入るよりも，在宅介護を選んでほしいというのが国の考え」

国の方針を確認した後で，同じ意見の人同士になるようにグループ分けし，話し合いをする。

「机移動」

移動後，話し合いの進め方を伝える。

「一人ずつ順番にこの解決策を選んだ理由を伝えて，ああなるほどなと思うことはワークシートの１番に書く」

「住みやすいのにはそれなりのお金がかかる」「あたりまえや」「家ならお金がかからないからみんな安心して暮らせる。高齢者もできれば一緒に暮らしたい」「民間企業だったらお金がかかる。お金を有効に使う場合はだめだ。自宅だったら高齢者も元気になる」「最後の毎日を楽しく過ごせると思う。知らない人と一緒だとそれができない」「自宅だと安らかにできる」「施設だと友達ができる」「その人の希望に合わせて施設を選べる」「理由をちゃんと書くんだよ」「自宅だと安心」「民間だとストレスがたまる」「お互いに助け合うのが家族じゃないか」

「ワークシート記入」

続いて，いつもの１班から６班まででグループになる。意見が異なる人と話し合いをするために，気をつけておいてほしいことを伝える。

「例えばHさんがしゃべっているのに違う人が『それは違う』というんじゃなくて，必ず意見を主張する人の意見を最後まで一度聞いてください。４人もしくは５人のグループで話し合っているけど，順番に必ず一人ひとり意見を言い合って，ああなるほどなと納得するところが出てくると思うから，ワークシートの２番に書いてください」

「机移動」

「ワークシート記入」

「最後にワークシートの３番をやります。最初のグループに戻ってください。

最終的に自分がどの解決策を選ぶかっていうことなんだけど，これまでは自分が介護されるんだったらっていう考えで，ほかの人の意見を聴きました。今度はほかの人も納得させられるように，ある程度立場を変えて判断してみてください。みんながよりよい解決策はなんなんだろうかと考えないといけません。それを考えている仕事は，勉強したように議員さんですね。最後はみんながよりよくなるような，政策としてふさわしい解決策はこれだというのを，最終的に一つ選んでみてください。で，選んだ解決策とその理由を書いてほしい。いいかな，それを書いてみましょう。いくつかあるだろうけど，とりあえず一つ書いてください。個人の考えも書いてください」と指示する。

「机移動」

「ワークシート記入」

意見が最初と大きく変わった人がいた場合には，その理由もたずねる。最後にみんなの意見を聞く。次のような意見が出た。

「ぼくは民間の施設がいいです。理由は，費用がかかるというけどそれは若いときに一生懸命働いて給料をもらって，世の中実力主義だから収入が多いとそういうことができるから」

「地方公共団体の施設がいいです。高齢者のことを考えると一番いいのは，介護する人が常に近くにいたら安心するし，毎日は無理だけど家族に施設に来てもらうことができるから安心ができる」

「自分が高齢者だったら施設にいれてほしいし，税金は施設にだけ使っているわけではない」

「民間の老人ホームがいいです。民間なのでスタッフの対応がよくて健康的で技術をみんな持っているから困ってもすぐに対応してくれるから」

「私は自宅介護です。この解決策にはメリットもデメリットもあるんだけど，費用もそれほどかからないからわざわざ施設に行かなくてもいい。一番効率がいい」

「ぼくも自宅介護で，家族だけでそういうことをしていくことはやっぱり自立としてつながっていると思うし，家族の負担が多くても高齢者は年金などをもらっているので，それを使ってしたら心配ないと思う」

第5節　社会科授業の実践②

1 単元名／実践者

小学校6年「新しい日本へのあゆみ」／小島浩平教諭（兵庫県・公立小学校）

2 単元目標

①スポーツの祭典としてアジアで初めて東京で行われたオリンピック大会は，戦後我が国の国民生活が向上したことや我が国が国際社会において重要な役割を果たしてきたことを資料から理解する。〔知識及び技能〕

②国民生活の向上は，国民の不断の努力により国民生活の豊かさを実現するだけでなく，国際社会における重要な役割を日本が担うことの大切さをも考え，これからの日本のあり方が提案できる。〔思考力・判断力・表現力等〕

③自由で民主的で平和な社会によって豊かな生活が営めるように，自分ができることに取り組むための方法を明らかにしようとしている。〔学びに向かう力〕

3 単元展開について

本学級の児童は，これまで，人々のくらしや人物の働き，文化遺産を中心に，時代の特色や働き，人々のくらしの変化の様子などを学習してきた。その中でデータからの気づきや疑問を出し合ったり，考えを交流したりする活動を行っている。しかし，図やグラフの読み取りや資料をもとにして考える学習に苦手意識のある児童がおり，ペアやグループで話し合う活動についても，その意味を理解するのに困難な児童もいる。このことから，与えられた課題に対しては意欲的に取り組めるが，歴史的事象の理由や原因を考える力，自分なりに考察する力は十分育っているとは言えない。また，2020年に行われる東京オリンピックについては，その事実を知っている児童は半分にも満たない状況である。指導にあたっては，戦後改革や産業の発展，国際社会への復帰，東京オリンピックの開催などから，戦後の復興を見つめられるように学習を展開する。そのために，祖父母などその時代を生きた人々に，当時の思い，変わっていくまちの様子などを取材させ，歴史をより身近に感じさせるなどにより，自分なりの考えを持たせるようにしたい。学習計画は次の通りである。

4単元計画（9時間扱い）

A次　戦後からオリンピック開催まで（1時間）

1　東京オリンピックが戦後わずか19年で開催されたことを確かめる。

B次　新しい日本への出発（3時間）

1　終戦直後の人々のくらしの様子について調べる。
2　戦後改革でめざした新しい国の姿について考える。
3　我が国が，どのようにして国際社会へと復帰したのか理解する。

C次　平和で豊かな国をめざして（4時間）

1　我が国の経済成長とそれにともなう問題について調べる。
2　経済の発展による国民生活の向上について考える。
3　東京オリンピックは，我が国にとってどのような大会だったのか理解する。〈本時〉
4　国際社会と日本の関わりについて調べる。

D次　これからの日本（1時間）

1　現在の我が国や世界が抱える問題から，未来に向けて期待される私たちの役割について考える。

5本時案

①目標

・東京オリンピックが開催され，我が国が国際社会に認められたことで国民が自信をもち，経済が発展したことで国民生活が向上して，平和で民主的な国になったことが分かる。〔社会的事象についての知識・理解〕

②学習の展開

指導案

主な発問	児童の活動と内容	教師の支援と留意点	備考
○この写真は何をしているところでしょう。	1 M市内を走る聖火リレーの写真から1964年の東京オリンピックに対する関心をもつ。 ・聖火リレー	・終戦直後のくらしの様子について想起させ，戦後20年足らずで開催できたことを確認する。	1964年，2020年の東京オリンピックのロゴマーク 手柄山の聖火リレー
1964年の東京オリンピックは，戦後の日本にとってどのような意味をもった大会だったのだろう。			
○東京オリンピックを開催したことで，その後の日本はどうなったのだろう。	2 東京オリンピックが日本に与えた影響について予想する。 ・戦争に負けて，焼け野原になった日本にとって，明るい出来事だった。 ・競技場や体育館を作って，くらしが充実した。 ・メダルをたくさん取って，戦争に負けて失った自信を取り戻した。	・前時までの学習に基づいて考えることができるよう，教室側面に掲示しておく。 ・当時のM市の写真を提示することで，国を挙げての盛り上がりであったことをおさえる。	壁面掲示 H城前の聖火リレー
○オリンピック開催時の日本の様子を調べよう。	3 資料をもとに，オリンピック開催時の日本の様子を調べ，当時の国民の思いについて考える。 ・経済が発展したことでくらしが豊かになり，世界に復興をアピールできた。 ・アジアで初めて開催したこと，メダルをたくさん獲得したことにより，戦争で失った自信を取り戻した。 ・戦闘機で五輪のマークを描いたり，8月6日に広島で生まれた人を聖火ランナーの最終走者にしたり，平和な国として出発した。	● 3種類の資料を用意し，グループごとに，オリンピックが日本に与えた影響について調べさせてから交流することで，自信をもって意見を述べたり，友だちに伝わるよう，分かりやすく表現したりするようにする。 ・祖父母などその時代を生きた人にインタビューしてきた児童には，当時の人々の思いを発表させることで，オリンピックをより身近に感じさせる。	新幹線，首都高速の写真 オリンピックの開催地と獲得メダル数 開会式，聖火ランナーの最終走者の写真 焦点を当てる児童（A児）自分の考えや思いを言葉に表しにくいA児については，黒板や友だちの言葉を手がかりに，当時の人々の思いに寄り添わせる。
○学習のまとめをしよう。	4 これまでの学習を振り返り，まとめる。 ◆敗戦で自信を失った日本にとって東京オリンピックの成功は，世界に復興をアピールし，平和で民主的な国と認められるものとなった。	・1964年のオリンピックの意義がまとめられた児童には，2020年のオリンピックに向けての自分の考えを書かせることで，次時へのつながりをもたせる。	地元の中高生の聖火リレーの写真

6 授業記録（T：教師，C：児童）

T　それでは，いままでの学習を振り返って，オリンピックの学習をしましょう。掲示を見てください。上に張ってある白黒の方が姫路の戦後，戦争直後の姫路です。下が東京です。東京も姫路も，空襲で焼け野原になってしまいました。そこから，わずか19年で，東京ではオリンピックが開催されました。姫路では大手前道路ができて復興が進みました。そこで，この学習では，「日本はどのようにして何度もオリンピックを開催できる国に生まれ変わったのだろう」ということを考えていきます。

戦後しばらくの日本の状態は，買い出し列車に乗って田舎に買い出しに行く，あり合わせの建材で建てた家に住んでいる，こういう苦しい生活を必死に生き抜いていきます。では，国はどういうことをしてくれたのでしょうか，様々な改革をするんですね。

日本国憲法が作られ，平和で民主的な国家に生まれ変わりました。そして，外国との関係はというと，国際連合に日本も入り，国際社会に復帰して，アメリカとの関係を強化していきました。昨日，みなさんの日記には，ヒラリーさんとトランプさんのことを書いている人が５～６人いました。先生に，どう思いますかと質問が書いてありました。すごいなあと先生も思ったことを返事に書きました。

では，私たち一般の国民はどういうくらしをしていたのかということで，高度経済成長がありました。急激に産業が発達しました。しかし，マイナス面として，公害，市民運動なども広がっていきました。具体的に，生活面では，３Ｃ（カラーテレビ，自動車，クーラー）を購入する家庭が増え，大学への進学率も高まってきました。今日の授業の中心は，1964 年の東京オリンピックの学習を通してその時代を学びます。

では，最初の資料を見てください。何をしているところか分かりますか。

C1　聖火リレー。

C2　ぼくも聖火リレーだと思います。

T3　そうですね，聖火リレーは皆さん聞いたことありますか。分かるかな。これから勉強していこう。では，次の質問です。これはどこだと思いますか。この写真は東京オリンピックですが，どこの写真でしょうか。

C4　東京。

C5　姫路。

T5　姫路が正解です。この写真は，Ｓ先生のお父さんが，手柄山で写された写真だそうです。これ，手柄山です。

C6　どこの手柄山？

T6　姫路の手柄山です。水族館や陸上競技場のあるところです。Ｓ先生のお父さんが大事にしまっておいた手柄山からの写真です。姫路でも，どうも聖火リレーが走っていたみたいですね。

C7　本当だ，手柄山だ。

T7　では，今日のめあてを書きます。ノートを開いてください。東京でやっているはずなのに姫路でもこんなに盛り上がっていた東京オリンピックです。

では，全員で読みたいと思います。

＜黒板に貼られた学習問題を読む＞ 1964 年の東京オリンピックは，戦後の日本にとって， どのような意味を持った大会だったのだろう。

T8　今日は，このことについて調べてまとめていきます。東京オリンピックを開催したことで，姫路も盛り上がっていましたが，どうなっていたと思いますか。この東京オリンピックが日本にもたらしたことについて予想を書きましょう。東京オリンピックに参加した人の思い，また，他の国との関係も加えて書きましょう。その際に，インタビューしてきたことがあれば書いておきましょう。

＜予想をノートに書く＞

では，発表しましょう。まだ書いている人は，手を止めて，しっかり発表を聞きたいと思います。では，日本にとって，いったいこの東京オリンピックはどんな意味があったでしょうか。

C9　オリンピックができるほどの国になったと外国の人にアピールした。

T9　意見が似ている人はいますか。

C10　他の国を巡る聖火なので戦争がない世界だと日本人は分かった。

C11　オリンピックはみんなで築き上げていくものだから，協力することで戦争をしているときと違い平和な国になったことを他の国に示すことができた。

T10　平和な国になったということで似た意見の人はいますか。平和について書いた人はいますか。

C12　戦争の前は，何かあったら戦争するという国だったけれど戦後復興し平和で他の国との交流もある国に変わったということを伝えることができた。

T11　昔とは違うよということだね。別の面ではどうですか。

C13　世界が平和になった。

T12　それまでは世界が平和でなかったのかな。

C14　戦争とかして勝手に威張っていたけれど，負けて自信をなくしていたが，これで平等になった。

T13　今，自信という言葉がありました。自信について書いている人いますか。

C15　戦争で自信をなくした日本に自信を与えたと思います。

T14　なんで自信を与えたと思う？

C16　東京オリンピックで成功したから。

C17　戦争でぼろぼろになった日本で，復興して，東京オリンピックを行えたから，国民の自信につながった。

T16　これは，国民の話ですね。他の予想はありますか。

C18　オリンピックのおかげで国外の人となかよくなれた。

T17　なんでなかよくなれたと思う？

C19　オリンピックの応援を一緒にしたからなかよくなれた。

T18　なかよくなれたことで書いた人。

C20　外国となかよくなって輸入や輸出が盛んになった。

T19　輸入や輸出が盛んになると何がどうなるの？

C21　いろんなものが手に入る。

T20　みんなたくさん予想してくれているけれど，あと一人発表してください。

C22　オリンピックを開いたことで日本を活気づかせた。

T21　活気づかせたものを書いているけれど何を書いていますか。

C23　テレビを作ってそれがよく売れた。

T22　テレビの他には？

C24　高速道路ができて，旅行とかも行きやすくなった。

T24　それをどうして知りましたか？

C25　おばあちゃんに聞きました。

T25　おばあちゃんに聞いたんだ。みんなの中に，おじいちゃんやおばあちゃんにインタビューした人はいませんか。そんなこと言ってなかった？　どうでしたか。

C26　オリンピックと一緒に新幹線が開通した。

T26　じゃあ今から検証していきます。新幹線，高速道路，本当かどうか調べてみましょう。今から，検証資料を用意しますので，班ごとに一応３つ調べます。平和な国になったということが本当に正しいのかどうかということ。新幹線や高速道路が本当にできているかどうか。立ち直って失っていた自信を取り戻したかという３種類を今日は資料を用意してあるので，班ごとに調べていきます。では，資料を取りにきてください。どういうふうに見ればいいか写真入りで書いてあります。資料から見えたことだけでなくて，そこから考えたことや分かったこと，人々の思いについて考えることがポイントです。白い紙に出た意見をまとめていきます。めあてが断定できるように話し合いを進めていきましょう。事実だけではなくて，そこから読み取れることを書きましょう。たくさんある資料と比べながら他の班の発表を聞いてください。最初に，新幹線と高速道路の資料がある班です。

＜資料と発表を比べながら聞く＞

C28　当時，世界で一番速い新幹線を作っていて，外国人の観光客が乗っていたのではないか。

T28　他にありますか。高速道路のことを調べたところはどうですか。

C29　選手や観客が移動する，オリンピックのための高速道路ができました。高速道路や新幹線を作ったことで外国にアピールした。海外の観光客はたくさん新幹線に乗った。

T30　外国の観光客はどのように思ったでしょう。

C30　すごいと思ったと思う。

T31　経済チームどうぞ。

C31　国内各地からたくさんの人が東京に来られるようになった。

T32　外国人，日本人，どっちかな。

C32　どちらも。

T33　交通手段として充実したということですね。何を海外にアピールできたかな。新幹線と高速道路で。

C33　日本は，世界と互角になってしかもすごいものが作れる国になった。

T34　すごいもの。付け加えはありますか。

C34　外国に日本は完全に立ち直ったということや経済発展したことをアピールした。

T35　次のことに進みます。

C32　東京オリンピックを開くことで外国との関係が深まって外国人がたくさん来てくれた。

T36　聖火リレーの最終走者から何が読み取れますか。

C33　この聖火リレーの最終走者の坂井さん，広島の原爆投下の日に生まれたことから平和の象徴と言われている。

T37　平和の象徴ということを誰に伝えたかったの。

C34　外国の人。

T38　坂井さんは8月6日に生まれたのですね。他のことを調べた班ありますか。

C35　外国となかよくなった。

T39　どこでそう思いましたか。

C36　横で見ているから。

T40　こっちだとどうですか。これは何だろう。

C37　たくさんの鳩を飛ばして，オリンピックの開催を祝っている。

T41　鳩って何かの資料に書いてあったのかな。

C38　平和を象徴する鳩だから，たくさんの鳩が飛んでいることで平和を表していて，鳩に思いを込めて，解き放したのだと思う。

T42　このグループが言ってくれた8月6日に広島で生まれた坂井さんが最終ランナー。これは，外国人に何をアピールしていますか。日本はどうなったのだと思いますか。

C39　日本が平和になった。

T43　最後にこの資料ですね。バレーボールや世界地図から読み取ったグループ。

C40　日本の金メダルの獲得数が圧倒的に多い。

T44　そこから何を読み取りましたか。

C41　日本に自信がわいた。

C42　バレーを見ていた視聴率が66.8％あることから，国民が日本選手に期待していた。

T45　国民の自信と期待があったのですね。

C43　メダルを多く取ることで自信がついたと思う。バレーボールの試合は，多くの国民が期待してみていたと思う。

C44　バレーの試合をしているところから，ソ連と戦っているところを見て，戦争には負けていたし，強豪チームだから，自信がなかったけれど，国民は66%のたくさんの人たちが見ていたので，国民の自信は回復した。

T46　この地図のところは何でしょうか。気がつくことありますか。

C45　いままでヨーロッパでたくさん開催されていたけれど，日本も開催できるような国になった。

T46　どこで開催されたのか。地域で言うと。

C46　アジア。

T47　アジア初。メダルもすごいたくさんとれた。これを世界中に発信することができた。皆さんの予想と比べてどうですか。平和な国になったと外国に伝えた。戦争に負けたことから立ち直ったとか，外国となかよくなった。ここでは，輸入や輸出については出てきませんでした。インタビューしたことがあると思います。みんなのおじいちゃんやおばあちゃんは，この東京オリンピックをどんな思いで見ていたのかを発表してください。

C47　おばあちゃんもおじいちゃんも聖火ランナーを見に行った。

T48　本物の聖火ランナーかな。

C48　おじいちゃんは，バレーボールを見て，エチオピアのアベベを見た。うれしかったことは，外国人が何も差別されずに対等に戦っていた。

C49　新宿の早稲田に住んでいたので国立競技場のブルーインパルスを見た。

T49　ブルーインパルス知ってますか。姫路城がリニューアルオープンしたときに見たね。東京オリンピックの時にデビューした。これは，何のマーク？

C50　オリンピック。

T50　他には。

C51　おばあちゃんは，印象に残っていたことは，開会式で，階段を駆け上がっていったこと。マラソンも残っている。

T51　あなたは，みんなと違ったインタビューしたようですね。どんなことですか。

C52　空気が汚れていた。

T52　どこに住んでたの。

C53　東京に住んでいて，その時 20 歳でした。

T63　空気が汚れていたこと。いいことばかりではなかったということですね。では，今日の勉強で学んだことを書きましょう。

7授業について振り返る

授業を参観した後，「授業反省会」を行った。その話し合いでは，次のような意見が出された。

○授業者の指導計画には，「戦後の復興を考えるきっかけとして東京オリンピックを取り上げる。祖父母などその時代を生きた人々に，当時の思い，変わっていくまちの様子などを取材させ，歴史学習をより身近に感じさせる。さらに，1964 年の東京オリンピックが開催された意義を学ぶことにより，2020 年の東京オリンピックについても，自分なりの考えを保たせることにつなげたい。」とある。授業者は，このような戦後の復興期の日本の国内外の情勢をめぐる社会問題について考え，判断していく経験をさせ，より確かな社会認識を育てたいと考えている。であるならば，事実認識を深め，自分の考えをグループで話し合わせるだけでなく，自分の考えをを学級全体に広め，意見交換をする活動を取り入れるべきである。さらに，その上で，自分の意見を相手に伝えながら，さらに考えを深め合っていくためにも，文字による表現活動を取り入れていくべきである。書くという行為によって，自分の考え・意志を精査していくことが必要である。

○授業者と児童との一問一答によって授業が展開されていることから，発言が限られていた。自分の意見を述べる児童を増やすためにもグループ内での意見交換ができる学習活動を取り入れるべきである。そのためには，学級全体の課題につながるグループごとの学習課題を決め，その課題を解決するための活動を取り入れた授業に転換すべきである。このような学習活動が続けて行われることで児童一人ひとりが考えをもち意見を述べることできるようになる。

今回の授業で評価できる点を授業者は次の３点にまとめた。

①授業者が当初意図した単元計画において示しているねらいの多くが達成されている。

②戦後復興の内容についての理解がなされた社会認識形成を保障する単元である。

③児童が資料から読みとったり発表の中から得たりした情報をもとに児童にとって身近な課題となり意欲化につながっている。

また，授業反省会で明らかになった課題は次の２点である。

①授業者が経済発展により国民生活が向上したこと及び平和で民主的な国になったことについて関わる方略（資料提示・発問）が必要であったこと。

②すべての児童が自分の意見を表現しやすい活動（グループ課題解決や文章表現など）を設定すること。

これまでに明らかになった点及び課題などの情報から，可能な限りにおいて指導案の改善を次ページのように行った。

改善後の指導案

主な発問	児童の活動と内容	教師の支援と留意点	備考
○この写真は何をしているところでしょう。	1 M市内を走る聖火リレーの写真から1964年の東京オリンピックに対する関心をもつ。 ・聖火リレー	・終戦直後のくらしの様子について想起させ，戦後20年足らずで開催できたことを確認する。	1964年，2020年の東京オリンピックのロゴマーク 手柄山の聖火リレー
1964年の東京オリンピックは，戦後の日本にとってどのような意味をもった大会だったのだろう。			
○東京オリンピックを開催したことで，その後の日本はどうなったのだろう。	2 東京オリンピックが日本に与えた影響について予想する。 ・戦争に負けて，焼け野原になった日本にとって，明るい出来事だった。 ・競技場や体育館を作って，くらしが充実した。 ・メダルをたくさん取って，戦争に負けて失った自信を取り戻した。	・前時までの学習に基づいて考えることができるよう，教室側面に掲示しておく。 ・当時のM市の写真を提示することで，国を挙げての盛り上がりであったことをおさえる。	壁面掲示 H城前の聖火リレー
○オリンピック開催時の日本の様子を調べよう。	3　配布資料やインタビュー結果をもとに，以下のA～Hのグループのテーマに沿ってオリンピック開催時の日本の様子を調べる。		新幹線，首都高速の写真 オリンピックの開催地と獲得メダル数 開会式，聖火ランナーの最終走者の写真
A：高速道路，新幹線開通で変わったこと B：東京オリンピックに期待したこと C：世界の国々の様子 D：日本の産業の発展について E：日本が国際連合で果たした役割 F：憲法を守るための取り組み G：日本の文化の発展について H：人々のくらしの変化			
○グループ発表をしよう。	・経済が発展したことでくらしが豊かになり，世界に復興をアピールできた。 ・アジアで初めて開催したこと，メダルをたくさん獲得したことにより，戦争で失った自信を取り戻した。 ・戦闘機で五輪のマークを描いたり，8月6日に広島で生まれた人を聖火ランナーの最終走者にしたり，平和な国として出発した。	・祖父母などその時代を生きた人にインタビューしてきた児童には，当時の人々の思いを発表させることで，オリンピックをより身近に感じさせる。 ・1964年のオリンピックの意義がまとめられた児童には，2020年のオリンピックに向けての自分お考えを書かせることで，次時へのつながりをもたせる。	
○学習を振り返ろう。	4　これまでの学習を振り返り，まとめる。 ◆敗戦で自信を失った日本にとって東京オリンピックの成功は，世界に復興をアピールし，平和で民主的な国と認めれるものとなった。		

第4章　かかわりで自立の基礎を育てる生活科

第1節　生活科の成立と生活科の概念

戦後の学校教育は，アメリカの教育の影響を受け，子どもの興味や関心を出発点とする活動的な学習によって教育内容と学習の方法の個性化・協同化をはかり，アメリカの哲学者・教育思想家デューイの提唱した直接体験中心の経験主義カリキュラムが主流でした。その後，1950年代後半になって行われた学力調査などの結果から，さまざまな所から学力低下が叫ばれるようになってきました。そこで全教科を通じて経験主義や単元学習に偏りすぎていたそれまでの戦後教育の流れを見直し，各教科の持つ系統性を重視し，基礎学力の向上を目指す内容となりました。この当時，日本は高度経済成長に突入した時期であり，特に科学技術教育に重点が置かれました。

1960年代に入り，ソ連の人工衛星の打ち上げ成功に衝撃が広がり（スプートニクショック），ブルーナーの『教育の過程』に代表される教育内容の現代化と高度化が言われるようになります。その結果，「詰め込み教育」や「おちこぼれ」といった教育問題が取り沙汰され，問題解決のため，多くなりすぎた学習内容を厳選し，ゆとりある充実した学校生活を目的に「人間性豊かな児童生徒を育てる」教育へと変換しました。平成に移る頃，教育界では「いじめ」「不登校」「校内暴力」といった「人間性豊かな児童生徒」とはかけ離れた問題が続出してきました。この問題に対して，個性を尊重し，自ら学ぶ意欲や主体的な学習の仕方を重視し，体験的な学習や問題解決学習を取り入れることが大切だと考え，平成元年(1989)改訂の学習指導要領において「生活科」が新設されました。その結果，関心・意欲・態度を育成する「新学力観」への転換が図られました。

特に小学校低学年における教科構成のあり様をめぐっては，過去においても様々な問題提起がなされてきました。低学年では，知性・情操・意志及び体育等の総合的な教育によって，生活・学習の基本的態度や能力の形成を重視しなければならないという立場から，「生活科」は新設されました。

これまでの流れをまとめると次のようになります。

昭和 42 年 (1967)	学年社会や低学年理科の改善の必要性について指摘→説明中心の学習から経験を豊富に自ら働きかける学習に（教育課程審議会答申）
昭和 43 年 (1968)	学習指導要領改訂
昭和 46 年 (1971)	生活及び学習の基本的な態度・能力の育成のために，総合的な教育を（中央教育審議会答申）
昭和 50 年 (1975)	理科および社会の内容を中心として新しい教科を（教課審答申）
昭和 51 年 (1976)	具体的かつ総合的な活動を通して知識・技能の習得や態度・習慣の育成を図るために，合科的な指導を推進（教課審答申）
昭和 52 年 (1977)	学習指導要領改訂
昭和 58 年 (1983)	既存の教科の再構成（中教審審議経過）
昭和 59 年 (1984)	小学校低学年の教育に関する調査研究協力者会議
昭和 61 年 (1986)	教科の総合化を進め，児童の具体的な活動・体験を通じて総合的に指導する（教課審答申）
	生活科設置の中間まとめ
昭和 62 年（1987)	生活科設置の答申
平成元年 (1989)	学習指導要領改訂（平成 4 年度～生活科全面実施）

生活科では，次に掲げる４点を視点においています。

①体験を重視すること

見る，調べる，作る，探す，育てる，遊ぶ等の体験を多く取り入れ，言葉，絵，動作，劇などで表現したり，遊びも学習であることを認識すること。

②個性を生かすこと

「一人ひとりの確かな学力を保障すること」「一人ひとりの取り柄，長所を伸ばし，その子らしさを育てること」を重視します。そのためには，集団生活になじみ，集団の中の自分の在り方に気づかせたり，自分の成長に気づかせたり，自分のよいところや取り柄に少しずつでも気づかせたりする活動を重視します。

③家庭や地域とのかかわりを見直すこと

地域と一体となった学校づくりを行うことや，日常生活に必要な習慣や技能を身に付けさせることを重視し，そのためには，学校と家庭の連携，安全な登下校，友達と協力する活動・体験，整理整頓・準備片付け，あいさつ・話し合い・きまりを守る，友達と仲良くするなど，相手に気を配ることを大事にした指導が求められます。

④授業を変えること

これまでの，先生が前に立って生徒に教えるという童謡『スズメの学校』のようなイメージから，だれが生徒か先生か見分けがつかないような『メダカの学校』のようなイメージで，一人ひとりに寄り添い，子どもと共に活動し，子ども達が知恵を身に付ける授業にすることが求められました。さらに，表面上仲良くするのではなく，人間関係においても「かかわり方」をケンカを通して学ぶといった学習も大切にすることが求められます。さらに，道草をすることで体験がなされると考え，道草の見直しも提起されました。

このように従来の授業観を変える生活科は，次のような性格を持っています。「子どもからの発想を大切にする」「子どもの現実生活から出発する」「実生活と学習の統一をめざす」「生活と学習をつなぐ活動・体験を重視する」。そして，このような授業を創出するために教師の役割は，「プランナーとして，子ども理解を徹底したり，地域を把握したりする」「リーダーとして，活動の仕方を教える，子どもと共に楽しみ共感する，見守り認める，援助・指導・指示する」などが考えられます。

また，生活科は次のようなねらいをもっています。

ねらい　具体的な活動や体験を通して，自分と身近な社会や自然とのかかわりに関心をもち，自分自身や自分の生活について考えさせるとともに，その過程において生活上必要な習慣や技能を身に付けさせ，自立への基礎を養う。

このねらいを達成するために，必要な取り組みは次のとおりです。

①具体的な活動や体験を重視する
②自分とのかかわりで社会や自然をとらえる
③自分自身への気づきを大切にする
④生活上必要な習慣や技能を身に付ける

第2節　生活科授業の実践①～スタートカリキュラム

小学校就学前後のカリキュラムには「アプローチカリキュラム」と「スタートカリキュラム」があります。アプローチカリキュラムとは，就学前の幼児が円滑に小学校の生活や学習へ適応できるようにするとともに，幼児期の学びが小学校の生活や学習で生かされてつながるように工夫された5歳児のカリキュラムです。また，スタートカリキュラムとは，幼児期の育ちや学びを踏まえて，小学校の授業を中心とした学習へうまくつなげるため，小学校入学後に実施される合科的・関連的カリキュラムを指します。ここでは小学校入学後に実施されたスタートカリキュラムの事例を紹介します。

1 単元名／実践者

小学校1年「なかよしたんけんたい」／筆者

2 単元設定の理由

幼稚園の生活から小学校の生活へと生活環境が変化することは，学校生活に対するいくつかの不安を子どもたちの心の中に生じさせる原因ともなっている。これは，幼稚園の生活とは生活リズムが違っていることや園舎に比べ校舎が大きいなどといったことが主な要因であると考えられる。特に，本校の場合は，市内の多くの幼稚園から入学してくるため，大半の子がお互いの名前も顔も知らないことが挙げられよう。このような子どもたちの実態を考えると，小学校入学時に子どもたちが少しでも早く小学校生活に慣れ，生き生きとした学校生活が送れるように配慮をすることが大切であると考え，本単元「なかよしたんけんたい」を設定した。

本単元では，遊びをはじめとする自分のごく身近な友達との触れ合いの活動から学校探検の活動へと発展させていく。このような活動を展開していくことにより，友達・先生・上級生などの人々と関わりを深め，施設・設備の役割に気づき，充実した学校生活が送れる子になるとともに，五感を通して対象に精いっぱい働きかけ，体験を通して新たな出会いに感動し，自分の生活を広げよりよいものにしていける子が育つことをねらっている。

このような点から，子どもたちが学校に適応していくのに，適切な単元であると考えられる。

❸単元目標

〈思いやり〉

○いろいろな友達と遊ぶ楽しさに気づき，自分の周りの人達との交わりを深めるとともに，だれとでもなかよくつき合うことができる。

○周りの人の迷惑にならないように探検をすることができる。

○用務員さんや給食のおばさん，保健の先生などの仕事の様子がわかり，その人達に喜んでもらえるような生活ができる。

〈意欲・意志〉

○いろいろな遊び場で，自分のやってみたい遊びを見つけ，夢中になって取り組むことができる。

○どこにどんな教室や施設があるか，どこでどんな遊びができるか自分から進んで調べることができる。

○給食のおばさんや用務員さんなどの仕事の手伝いを意欲を持って継続して取り組むことができる。

〈思考力〉

○学校の様子や学校で働く人の様子がわかるように，自分なりの調べ方，考え方を大切にして，探検に取り組むことができる。

○活動中の友達との相互交流や学習カードの記入を通して，活動の様子について自分自身の取り組み方を振り返り，次の活動に生かすことができる。

〈自己表現力〉

○自分の顔・名前を書き入れた名刺を作ることができる。

○各教室などの施設・設備や学校で働く人の様子が分かりやすいように，説明を入れたり，色を塗ったりして，工夫して絵カードに表すことができる。
○校舎の中や外で見つけたものを絵や文で表したカードを絵本にまとめ，その絵本をもとに家の人などに伝えることができる。
○学校で働く人達に，自分の思いを手紙で伝えることができる。

❹単元の構想

本単元では，まず，友達との交わりに抵抗感なく取り組めるように，ゲームや前庭の遊具で遊ぶといった子どもの興味・関心のある活動を設定する。まず，遊びを通して友達の名前を知ることの大切さに気づいていくだろう。そして，自分を紹介し，友達を知るために，顔と名前をかいた絵を教室に貼ったり，名刺を作って交換し合う活動がはじまるだろう。やがて，この名刺交換は，学級だけでなく上級生や学校職員へと広がっていき，しだいに，学校探検へと移っていくだろう。子どもたちは，探検していくうちに，新しい発見をしたり，体験をしたりして，探検することの楽しさを味わうとともに，施設・設備の役割に気づくだろう。そして，気づいたことを学習カードに書き，家の人に学校のことを紹介するために，１冊の絵本にまとめるだろう。さらに，子どもたちは，校舎内だけでなく校舎外にも目を向け，校舎外の探検へと移っていくだろう。校舎外の探検では，子どもたちは，遊びに適した楽しい遊び場を見つけ，その場を利用して遊びを創って友達となかよく遊ぶことができるようになることをねらっている。自分たちで考えた遊びや自分たちで見つけた遊び場を友達に紹介し合って，みんなで楽しく遊ぼうということになり，遊び場案内を作るだろう。また，学校で働く人の仕事については，探検の中で少しずつではあるが気づいていくだろうが，その気づきは浅いと思われる。給食室で働く人，保健の先生，用務員さんや事務室職員の仕事に対して興味を持ち，興味ある仕事を観察したり，手伝ったりすることにより，働く人に親しみを持ち，仕事の大変さに子どもたちは，気づくだろう。

最後に，今までの活動を通して，幼稚園で世話になった先生に手紙を書くことにより，学校の一員としてすっかり学校生活になじんだ自分を振り返るようにさせたい。

5全体計画（54時間扱い）

小単元	時数	活動内容	支援
なかよくなろう	10	○ゲームをしよう ○二年生と遊ぼう ○鬼ごっこをしよう ○名刺をつくろう ○友達をつくろう	・お互いの名前を呼び合うゲームを紹介する。 ・自分を紹介する方法を話し合わせる。 ・きょうだいグループで活動させる。
学校探検をしよう	20	○探検してみよう ○探検の準備をしよう ○教室を探検しよう ○校舎の外を探検しよう	・自分の探したい教室へ一度行かせる。 ・探検に必要なものを用意させる。 ・探検する時の留意点について話し合わせる。 ・給食室見学の注意をする。 ・自分なりの方法で探検させる。 ・自分たちが知っている場所から探検させる。
遊び場をつくろう	8	○天神の森へ行こう ○遊び場を探そう ○遊び場案内を作ろう	・天神の森については，その存在を知らせる。 ・校内で遊べそうな場所について，発表させ確かめに行くようにする。 ・みんなにわかるように作ることを確認する。
先生ありがとう	14	○働いている先生の手伝いをしよう	・働いている様子をしっかり見てくることやどんなものを使っていたかも観察してくるように助言する。 ・自分たちでできそうなことについて，発表させ，どんなことを手伝ったらよいか相談させる。 ・手伝いをする時に用意するものを確かめさせる。 ・実際に手伝うだけでなく日常できることを調理員や養護の先生に聞いてくるとよいことを助言する。 ・自分たちの感謝の気持ちが表れる手紙となるように助言する。
小学校絵本をつくろう	2	○家の人や幼稚園の先生・友達に知らせよう	・学校の様子を家の人，幼稚園の先生に伝える方法・内容について話し合わせる。

6小単元の展開と考察

ア 「どんな部屋があるかな」

本小単元では，自分が探検して分かったことを学習カードに絵や文で書き，そのカードを見て教師が質問をすることにより，様々な角度から探検についての自己評価をさせた。S男ははじめに理科室を探検し，次のようにカードに書いていた。

> 理科室：せんせいぼくはりかしつをみつけました。きつねやいろいろなどうぶつがいました。それにどうぶつのいろいろいろなしゅるいがいました。

その後，S男は，『体育館』『理科室前廊下』『多目的ホール』『保健室』『音楽室』などを探検し，見てきたことを次のように書いた。

体育館：せんせいぼくは，たいいくかんをみつけました。５ねんせいやたくさんのしょうがくせいが，たのしいたいいくをしていました。
理科室前：ぼくは，いいものをみつけました。それは，おそろしいものでした。それは，つくりもののにんげんでした。
多目的ホール：ぐらんどぴあのがあった。とけいもあった。まいくもあった。びでおもありました。ちずもありました。てれびもたくさんありました。

Ｓ男のカードには，その部屋にあるものが主に書かれてあった。教師は，それぞれの部屋の設備・備品だけでなく，部屋の役割にも気づいてほしいと考え，次のような質問をした。

＜教師の助言＞
探検した部屋では，どんなことをしていたのかな。どんなことができそうかな。書いておくといいね。

この質問を受けた後，Ｓ男のカードへの記入内容が次のように変わっていった。

保健室：くすりのにおいがたくさんにおいました。てれびもありました。それに，せんせいがくすりをせいとんしていました。
音楽室：いろいろながっきがあって，あんさんぶるができそうです。それに，４の１くみのみんながうたっていました。

結果，このように，自己評価をする視点を教師から与えることにより，子どもが探検する時の目が広がり，対象に対する気づきが深まっていくことが明らかになった。

イ 「たくさん探検しよう」

子どもたちは，自分の思い思いに探検活動に取り組んでいる。しかし，探検をしていくといくつかのつまずきを体験し，教師に援助を求めてきた。その中で，教室の表示についての子どもたちのつまずきが多く見られた。探検の最中に子どもたちは，気づいたことを教師に報告によく来た。しかし，どの教室なのかと聞いても，「４年生のおねえさんの部屋の隣の部屋」とか「３階の一番向こうの部屋」などといった答えが返ってくる。また，探検に行く前に，「先生，図画室へ行きたいけれど漢字が読めないから部屋がわからない」とか「読書室はどういう漢字が書いてある部屋ですか」といった声も聞かれた。

<教師の対応>
このつまずきを取り上げ，全員に探検をしていて困ったことやしてほしいことはないかを尋ねた。ほとんどの子から，教室表示が漢字で書いてあるので読めないから，ひらがなで書いてほしいという要望がでた。そこで，教師は，教室の入り口にひらがなで書いた名札を掲げた。

１年生の子には漢字は読めないから，学校探検に入る前に『ひらがなの名札』を掲示しがちだが，子どもの意欲の高まり，気づきの深まりをさせるためには，子どもたちに，探検中に漢字が読めないから，情報交換できないというつまずきをさせることが大切だ。

このような子どものつまずきを生かした教師の支援によって，子どもたちは，自分が探検した教室について，その名前がわかるだけでなく，探検活動をして分かったことを発表したり，友達と話し合ったりする等の情報交換の場において，教室を特定でき，より確かな情報を得ることができる。さらに，友達の気づいたことを確かめようとか，自分も見てこようという意欲的な活動が促されるとともに，より確かな気づきがなされるようになるだろう。

ウ　「どんな勉強をしているかな」

教室探検では，実際に授業が行われている教室を探検することにより，その教室の役割に気づいたり上級生と触れ合ったりすることができる。そこで，探検をする時間を教室使用の時間に合わせ，担任の協力を依頼した。

Ｎ男は，初めての探検で理科室へ行った。当日，理科室では授業が行われていなかったためか，Ｎ男の関心は，理科室にある備品の観察だけだった。次に家庭室を選んだ。教師はあらかじめ，家庭室の利用時間を調べ，家庭科担当の教官に子どもたちが探検に行くことを告げ，「自由に探検させてほしい。家庭科を学習している子への１年生の働きかけを認めてほしい」と依頼しておいた。家庭室では，いつも通り家庭科の授業が行われていた。Ｎ男は，入り口の札を見て，家庭室だと確認をするが，なかなか中へ入ろうとしなかった。そこで，中へ入ろうとしないＮ男に気づいた家庭科の教師は，中へ入って探検してもいいことを助言した。Ｎ男は，それを聞くとすぐに家庭室に入り，探検をはじめた。このような子どもに対する家庭科の教師の働きかけにより，活動に対する意欲を高めるだけでなく，探検における気づきをより深めることができた。

Ｎ男は，家庭室へ入ると，まず，最初にこんろに気づき，その絵を描いた。次に，家庭室で勉強している５年生に「何を作っているの？」と聞くと「コースターを作っているよ」という答えが返ってきた。そして，５年生の作っているコースターを借りて見ていた。しばらくして，教師が「どんな様子かな」と尋ねると「楽しそうに作っているので，僕も作りたい」と答えた。その後家庭室にある鍋，洗濯機，冷蔵庫，など興味深そうに見回していた。教室へ帰ってきた際，「家庭室はどんな勉強をするところかな」という教師の質問に対してＮ男は，「料理を作る部屋だよ」と答えた。Ｎ男は，家庭室での実際の授業に出会い，探検活動をすることにより，理科室の探検では，設備に対する気づきだけであったが，家庭室においては，設備だけではなく教室の役割にも気づき，より深い気づきが生まれた。

特別教室のように，常時学習活動がなされているとは限らない教室の場合は，あらかじめ教師が授業の有無を確かめて探検に取り組ませたり，担当教師の協力を得て探検を進めたりするといった適切な環境の設定がなされることが，子どもの気づきが深まるために大切であることが明らかになった。

第３節　生活科授業の実践②～もののはじめから終わりまで

❶単元名／実践者

小学校１年・２年「ぼくわたしのパンを作ろう」／筆者

2 単元の構想

私たちは，豊かな食糧に支えられて生活をしている。子どもたちの食生活もたいへん豊かであり，その豊かさゆえに，日々，食べ物がどのようにして加工されて手元まで届けられるかということについて意識をしないで口にしている。そこで，食べ物について，原材料が加工されて製品になるまでの過程を体験することにより，食べ物を作るための営みを知り，作ることの大変さに気づくことができると考え，本単元を設定した。

本単元では，日常生活に見られる数々の食べ物の中から，子どもたちにとって身近であり，原材料から製品までの過程を子どもたちが追体験できる食べ物としてパンを取り上げた。パン作りのためには，小麦をまき，育て，収穫し，粉を作り，パンを焼くという数々の工程がある。しかも，小麦をまいてから収穫するまでに約半年かかり，自らの手で小麦を小麦粉にするためにもかなりの労力を要する。このような，約半年という長期にわたる活動を通して，子どもたちは，パンができるまでの工程が分かるだけでなく，植物を育てるための世話活動の苦労なども体験することができる。また，一連の活動において友達と協力することの大切さや道具を使うことのよさにも気づいたり，パンを作った喜びを感じたりするだろう。

＜教師の願い＞

小麦の種まきからパン作りまでの活動を自分なりの方法で取り組んだり友達と協力し合って活動したりすることにより，小麦を育てたり，パンを作ったりすることの大変さや苦労に気づいたり，食べ物を大切にしたりしてほしい。

3 活動の流れ（４３時間扱い）

パンを食べよう（２時間／１年）

・パンを食べる。

・小麦を育てパンを作る計画をたてよう。

・パンの原料について調べる。

・小麦の作り方を調べ，小麦作りの計画を立てる。

小麦をまこう（４時間／１年）

・小麦の種をまく畑を耕す。

・小麦の種をまく。

小麦さん大きくなってね（５時間／２年）

・小麦の芽が出た様子を観察する。

・小麦の成長の様子を観察する

・実ができている様子を観察する。

・肥料をまく。

・下草を取る。

・かかしを作って立てたり防鳥網を張ったりする。

麦かりをしよう（７時間／２年）

・麦かりをする。

・かった小麦を干す。

・実の取り出し方を調べ，道具を用意する。

・実を取り出す。

・実と殻を分ける。

小麦を粉にしよう（８時間／２年）

・小麦粉の作り方を調べ，道具を用意する。

・実を粉にする。

パンを作ろう（６時間／２年）

・パンの作り方を調べ，道具を用意する。

・パンを作る。

・作ったパンを食べる。

パンができるまで（11時間／２年）

・パンができるまでを自分なりの方法でまとめ表す。

・本・身体表現・劇・歌等

4授業記録

①「手作りパンはおいしいね」（出会いの活動）

１年生の11月に教師の手作りのパンを子どもたちに見せ，食べさせた。子どもたちは，教師の手作りのパンであることに興味をもち，パンを食べた後で次のような感想や願いをもった。

○きょう，たべたパンはとてもおいしかったです。またたべたいとおもいました。でも，こむぎこがないので，こむぎをうえてつくりたいとおもいました。それから，いえでもつくりたいとおもいます。（K子）
○パンはかたかったれど，ぼくは，おいしくかんじました。ぼくは，どうやってつくるのかしりたくなってきました。ぼくは，ずかんがないので，きょうずかんなしでしらべてつくって，みたいけれど，こむぎこがないので，パンやさんにいって，こむぎこをどうやってつくるのかききにいきます。（S男）

子どもたちは，教師の手作りのパンがとても気に入ったようであり，「どうやってパンを作ったのか」とか「材料はどうしたのか」というように興味を持った。そして，自分たちでもパンを作って食べたいという願いをもった。しかし，パンが小麦粉でできていることを知っていても，入手の仕方については分からないようだった。そこで，パンを作るための材料やその材料の用意の仕方について知っていることを話し合うことにした。話し合いの中で，パンの主な材料が小麦粉であり，その小麦粉は小麦から作られていることを子ども達は知った。小麦粉を買ってこようという意見も出されたが，自分たちで育てたいという意見が多く，種をまいて育てることになった。そのほか，パンの材料として，「牛乳」「卵」「ベーキングパウダー」などが出された。これらの中から，まず小麦粉がないとパンはできないということになり，小麦作りに取り組むこととなった。

②「小麦の種をまいて，小麦を作ろう」

ア 「小麦の種をまこう」

小麦を育てる場所を探すことになり，子どもたちは，学校の敷地内を探し回った結果，今までに野菜づくりで利用したことのある「天神の森」を選んだ。そこで，畑を作るために，くわを使って耕しはじめた。しかし，土が固いため，子どもたちの力では，思うように耕すことができない。その様子を見て，教師は，天神の森の畑の土は固く子どもたちの力だけで耕すことは無理であると考え，教師も一緒に子どもたちと耕すようにした。小麦の種は，子どもたちが調べてきた近くの種苗店で教師と共に購入した。

このように，子どもたちが，自分たちの願いを実現するために場所を見つけ，その場所で自らの力でできることに取り組んだ結果，小麦作りへの意欲が高まった。教師は，このことから，子どもたちの力が及ばない場合は，教師が環境作りへの支援をすることが大切であることを学んだ。

イ 「小麦を鳥から守ろう」

小麦の種をまいてから半年も経った５月になると小麦は大きく成長し，子どもの背丈ほどになる。このころには，実も付きはじめた。

５月のある日，小麦の世話をしている子どもたちが「小麦の実がスズメに食べられているよ」「いや，虫かもしれないよ」と伝えてきた。それを聞いたほかの子どもから「見に行こう」という声があがり，さっそく確かめに出かけた。しかし，小鳥が実を食べているところを見ることはできなかった。その後も子どもたちは，昼休みなどに天神の森へ出かけては，スズメが小麦の実を食べないか観察を続けた。２～３日，観察を続けると数人の子がスズメが木の枝から舞い降りて小麦の実を食べている様子を見つけた。子どもたちの中から，「このままにしておくと全部の実を食べられてしまうかもしれないから，スズメが食べないようにしたい」という声があがったため，「どうしたら，スズメに食べられないだろうか」ということについて相談をした。子どもたちの中からは，「かかしを作る」「とりおどしを作る」などの意見が出され，それらを作って天神の森へ運んで設置しようということになった。

材料を持ち寄り，『かかし』や『とりおどし』を作り，天神の森へ設置をした。今度は「まだ，スズメが食べにくるよ」とか「スズメは『かかし』や『とりおどし』を恐がっていないようだ」とか「まだ，実が食べられている」といった報告がされるようになった。「もっとよい方法はないか」とめいめい調べてくることになった。その結果，「『あみ』を張るといい」とか「『防鳥網』を付けるといい」ということになり，小麦畑全体を網で覆うことになった。

このように，子どもたちは，小麦を大きく育てたいという願いを実現するために小麦の栽培をする過程で，小麦を鳥が食べるということを発見し，鳥から小麦を守ることが必要であることに気づいた。そして，自ら調べたり，考えたりして，よりよい環境づくりに取り組む姿が見られた。

子どもたちの活動への取り組みが深まるためには，気づきを生かして，子どもが環境づくりをすることが大切であることが分かった。そして，教師は，子どもたちの環境づくりの内容を見取り，一人ひとりの活動がより深まるような環境作りに対する支援をすることが大切であることも明らかになった。

ウ 「小麦を脱穀しよう」（教師の評価をもとにした支援）

大きく育った小麦を刈り取り，粉にすることになった。子どもたちは，天神の森へ出かけ，小麦を刈り取り，教室のベランダ近くの遊具にかけて干した。乾燥させた後，小麦の穂から実を一つひとつ取る作業をした。しばらく取り組んでいたが大変であることから「もう少し，簡単にできないかな」とか「もっとはやくできないかな」などといったつぶやきが聞かれた。これを聞いて教師は，「N男のやり方を見てごらん。もっといい方法が見つかるかもしれないよ」と励ました。そこで，子どもたちは，N男のやり方を参考にクシやブラシですいてみたり，両手でもんでみたりするなど様々な取り組み方をしていった。

続いて，脱穀をすることになった。はじめは，一つひとつ丹念に殻を取っていたが，やはりこの作業も手間がかかることに気づいたN男は，「すりばち」と「すりこぎ」を使ってすりはじめた。これを見て，教師は「とてもよい方法に気づいたね。みんなにも教えてあげるといいね。」と認めてほめた。この言葉を聞いてN男は，とてもうれしそうに再び作業に取り組んだ。この時のことを，次のように「ほほえみカード」（自己評価と活動内容を記録するカード）に書いた。

ぼくは，かわの中からみをとりだしました。７０こくらいとれました。とてもうれしかったです。いちばんしゅうちゅうしたのは，かわとみをわけることです。どうしてかというと，かわとみをわけているとき，みがしたにおちてしまうからです。そして，どうやってやったかというと，かごの中に入れてぼうでたたくやりかたです。ぜんぶおわったらつぎにミキサーでこなにします。あと半分ものこっています。はやくパンにしたいです。

K子は，はじめ，どうやって脱穀をしていいか分からないようで，友達の脱穀のやり方を見て回っていた。そして，N男の所へ行き，脱穀の様子をしばらく見ていたK子は，「N男君のやり方で，やったらできるかもしれないな」とつぶやき，次の日には，すりばちとすりこぎを家から持ってきて，同じような方法で脱穀をしはじめた。しかし，取れた麦殻がうまく取り除けないので，どうしたらよいか，教師に相談してきた。教師は，K子が困っていることを聞くと，うちわを使って麦殻を飛ばしているY子のやり方を参考にするように伝えた。するとK子は，「ああ，そうか。こうすればいいんだな」といって，自分の下敷きを取り出して，うちわの代わりにして，あおぎはじめた。

このように，子どもたちの活動中にその子なりの取り組み方の工夫が見られたときには，教師はほめ，子どもたちが活動中につまずいたり，取り組み方が分からなくなったりしたときには，相談にのったり，助言をしたりすることにより，活動が深まった。教師の一人ひとりに対する適切な評価にもとづいた支援をすることが大切であることが分かった。

エ　小麦粉を作ろう

脱穀した小麦を粉にするために子ども達は，「ミキサー」「コーヒーミル」「すりばち」「ビンとぼう」などを使って粉作りをはじめた。「ぼう」を使って粉を作ったM子は数粒ずつ棒で小麦をたたいて粉にしていたがなかなか思うようにはかどらなかった。次に，「すりばち」を使って，すりはじめたが，それでもなかなかうまくはいかなかった。そこで，友達がどのようにして粉を作っているかを見て回り，「コーヒーミル」を使って粉にしていることを知り，その方法のよさに気づいた。そして，このことを「ほほえみカード」に，次のように書いた。

今日，二日ぐらいほしたこむぎをこなにしました。でも，あまりにも多くてくろうをしました。でも，やっぱり今日だけで，ぜんぶやるのはむりでした。でも，二人でやっていたので，少しすすみました。O太くんたちが，コーヒーミルでやっていたので，わたしたちもやろうと思いました。だけど，とちゅうまでは，ぼうですりました。けれども，おそいので，コーヒーミルでやることにしました。

次の時間には，コーヒーミルを用意して，粉づくりに取り組む姿が見られた。このように，子どもたちが，友達が自分とは違った方法で取り組んでいることに気づいたり，自己評価をしたりして，いままでの取り組み方を振り返ることによって，よりよい取り組みへと変えていくことができるようになった。

オ 「パンを作ろう」

小麦粉ができ，いよいよパンを作ることになった。子どもたちに，パンの作り方について聞くと，詳しい作り方は，よく知らないようだった。そこで，パンの作り方を調べてみようということになり，本などを使って調べてパンづくりの準備をはじめた。パンを作る前日，E子が日曜日にパンの作り方を母親に聞き，母子でパンづくりをしたこと，パンを作るために必要な材料・道具を自分から進んで用意したことなどの内容の手紙が，E子の家から教師に届けられた。

確かにE子は，家庭で，パンを作る材料を必要量を計量して小分けしてきたり，作り方を書いたメモを用意してくるなど，パンづくりへの取り組みがとても意欲的だった。教師は，E子に対して「とても準備がよくできているね」とか「パンの作り方をよく調べてあるね」といった言葉かけをした。この教師の言葉を聞いて，E子は自信をもち，とてもうれしそうにパンづくりに取り組んだ。

このように，家庭からの連絡を生かして子どもたちの活動への言葉かけをすることにより，次の活動も意欲的に取り組め，活動内容が深まっていった。

第４節　生活科授業の実践③～家庭との連携と授業

❶単元名／実践者

小学校２年「とっておきの春を見つけよう」／筆者

❷単元設定の理由

１年生では，夏・秋・冬のそれぞれの季節について季節の特徴を生かした活動を展開してきた。そして，冬が終わり春へと季節が変化する１年生から２年生にかけての時期に，春という季節の持つ特徴を体全体を通して，自分なりに感じ取って欲しいと考えた。子ども自身が，四季の変化を味わうことは，感性を磨き，季節の変化が自然だけでなく人々の生活にも変化を与えていることに気づくことだと考えたからである。また，子どもの行動範囲が，校内から校外へと次第に広がってきたことを捉え，身の回りの対象に対する見方・考え方をさらに広げていって欲しいとも考えた。そこで，子どもたちが，春という季節を自分なりに感じ，学校の周りの社会的事象や自然的事象とかかわり，感じたことを紹介し合う活動が必要だと考えた。そして，活動を個人またはグループで取り組むことにより，お互いが協力し合ったり，子ども同士でお互いのよさを認め合ったりすることの大切さを体験を通して気づき，さらに自分自身のよさに気づき，自信へとつなげていくことを期待した。

このように，自分なりの春を見つける活動に取り組むことによって，季節の変化に対する感性を養うとともに子どもたちの体験の範囲を広げ，協力して活動するこの大切さに気づくことができることを願って本単元を設定した。

❸単元の構想

１年生が入学すると子どもたちは，花の咲いた鉢をプレゼントし，１年生を連れて校内を案内した。２年生の子どもたちが校内の草花に目を向け，摘んで来ては教室に飾ったり，草花の飾りを作ったりする様子を見て，１年生の子どもにも草花を見つけようという子が増えるだろう。そして，思い思いの所へ出かけて，草花を見つけてくるかもしれない。春の草花見つけがはじまり，『自然の春』だけでなく，様々なものも含めて『春見つけ』としてかかわらせたいと考えた。見つけてきたものを整理して，春見つけ絵本などの方法でその子なりのまとめ方をしてほしい。そして，見つけてきた草花は，まとめて図に表したり，学習カードに記録したり，しおりを作ったり，さらに，採ってきた草花をプランターに植えて育てたりするかもしれない。このように，自分たちの身の回りの季節の様子に気づき，自分なりのかかわり方で春を見つけ，自分なりの表し方で表現していくことを通して，四季の変化について感じとってほしいと思う。また，商店に売られている“タケノコ”や“よもぎ餅”を子どもたちに見せることにより，自然以外にも春らしさがあることに目を向けさせていきたい。子どもたちは，春の草木を使った商品があることを知り，興味を持つだろうし，どこで見つけたかも知りたがるだろう。Ｓ商店街で見つけたことを伝えると，Ｓ商店街にも自分たちが校内で見つけた物と違う春があることを知り，Ｓ商店街での春見つけをしようとするかもしれない。さらに，商店街へ行くまでの道で，様々な自分なりの春を見つけるかもしれない。さらに，写真屋のポスターに入学祝いの記念写真のことを見つけたり，洋品店の洋服が春らしくなっていたりしていることや道端に咲く草花などを見つけたりするかもしれない。こうして，子どもたちの中から，自宅やバス停留所までの間に様々な春を見つけてきては紹介をする子が出てくるだろう。その紹介を聞いて，自分も探してみたいという意見が出されるだろう。近隣の公園では，つつじや桜の木などを見つけるだろう。

春見つけで感じたことを，カードに書いたり，春の歌を作って唄ったり，しおりや本を作ったりと様々な表れを期待している。また，友達の見つけた春と自分の見つけた春を比べることで，春を広く捉えてほしいし，今までの春見つけを振り返り，春というものの季節のイメージが子ども一人ひとりの中に培われ，季節の変化を敏感に感じ取ったり，自然や生活の変化の中から季節感を見つけだそうとする活動が日常化できることを期待したい。

❹活動計画（２４時間扱い）

①学校内の春を見つけよう（８時間）

○１年生と一緒に春を見つけに校内を探検する。

○自分たちだけで，校内の春見つけをする。

〇見つけた春を自分なりの方法で，しおり・絵本・地図などに表す。

②学校の周りの春を見つけよう（10時間）

〇春を見つけに行く計画を立てる。

〇春見つけに出かける。

・Ｓ商店街・近隣の公園

③とっておきの春を紹介しよう（６時間）

〇とっておきの春を紹介する準備をする。

〇とっておきの春を紹介し合う。

・絵本　・紙芝居　・地図　・歌　・踊り など

5活動の展開と考察

①「天神の森には，春がいっぱい」

前庭などで春見つけをした子どもたちは，やがて天神の森へと出かけた。天神の森には，晩秋にまいた小麦が芽を出し，80cmほどの大きさに育っているだけでなく，タケノコ，たんぽぽ，オオイヌノフグリ，ふきのとうなどが見られた。思い思いにそれらを見つけては，採取したり，絵を学習カードに描いたりした。教師は，子どもたちの活動中に話しかけたり，つぶやきを聞き取ったりするとともに「ほほえみカード」に書かれた内容を整理して，授業終了後，補助簿に記録した。補助簿には「活動の様子」「つぶやき」「子どもの興味・関心の対象」「活動メモ」を記録していった。

Ｋ子は，天神の森で，たんぽぽを摘んだり，タケノコを見つけて掘ったりした。教師は，天神の森におけるＫ子の活動に対する評価をもとにして，その場でＫ子に次のような励ましと助言をした。「とてもたくさんのたんぽぽを見つけたね。たんぽぽの他にも見つけたね。花の名前を調べてごらん。人参は，どうして生えているのかな。きっと，去年の収穫祭と何か関係がありそうだね」Ｋ子は，早速教室へ戻り，図鑑を見て花の名前を調べた。そして，「ほほえみカード」へ花の名前を記入したり，天神の森での春見つけを振り返って「たんぽぽやタケノコやいろいろな花を見つけてよかったです」と書いたりした。Ｋ子のカードを見たＡ子は，「とてもすばらしい春を見つけたね。わたしは，タケノコを採れなかったよ。今度どこにあるか教えてね」とＫ子のカードへ書き添えた。K子は，教師の励ましや助言を聞いたり，友達からの一言を読んだりして，次の時間には，「もっといろいろな春のものを見つけたいな。A子さんにタケノコのある所を教えたいな」と次時の活動に意欲的になった。このように，教師は子どもの活動について，ありのままに捉え，記録していくことにより，その子の活動中における助言や励ましに生かすことができた。また，子ども同士で，活動について一言書き添えることにより，友達の活動についての自分なりの見方ができるだけでなく，自分の活動を振り返り，次の活動に対する意欲化につながった。

②「『春見つけ絵本』を作ったよ」

子どもたちの活動を見取るためには，学校生活における表れだけを観察・記録していても十分であるとはいえない。そこで，家庭での様子について活動との関わりにおいてカードに記入して提出してもらい，子どもに対する支援に生かした。

N男は，天神の森での春見つけで摘んだ草花を家庭へ持って帰り，「春見つけ本」に貼るための押し花作りをした。この時の様子は，家庭からの連絡（4月19日の家庭連絡）に詳しく書かれていた。そこで，教師は，次の生活科の時間に，家で作ってきた押し花を見せにきたN男に対して，「とても上手に押し花ができたね。作る時にいろいろと調べたり，聞いたりしたんだね。大変だったね。動物や乗り物のことはよく知っていたけれど，草や花のことも詳しいんだね。もっとたくさん見つけて，春がいっぱいの本になるといいね」とその活動を認めて褒めた。すると，N男は，押し花を作った時に苦労したことや工夫したことを話してくれた。その後N男は，押し花をしたページに花の名前・採った所・採った日などを書き入れ，一冊の本「春見つけ本」を作りはじめ，およそ2時間ほどかけて完成させた。出来上がった後，次のような自分で作ったことについての自信が溢れている感想を「ほほえみカード」に書いた。

「ぼくは，たんぽぽやいろいろな春をみつけました。おしばなにして春見つけ本にしました。とてもよくできたと思います。こんどもたくさん見つけて，春がいっぱいの本にしたいです。」

この絵本を家へ持ち帰ったN男は，早速，家の人に見せ，作った時のことなどを話した。翌日，その様子が，家庭より次のように書かれた連絡カード（4月 22 日の家庭連絡）が教師に届けられた。

【4月 22 日の家庭連絡】
先週の金曜日，ビニール袋に天神森で見つけた「春」を摘んで帰って来ました。スクラップ・ブックの表紙には，「春見つけ本」と素敵なタイトルがついていました。さっそく「おし花にする…」と言って厚い本の間に，ひとつずつ「春」をはさんでいました。小さいころから，乗り物・宇宙・動物・虫・鳥…には，興味，関心があり，図鑑を見たり，「なぜ？どうして？どういうこと？…」と質問が多かったのですが，…草花に関しては，あまり，関心がなかったように思われます。が，「春見つけ本」を作成するにあたって，自分で摘んだ「春の草花」を大切におし花にしました。「お母さん，ぺんぺん草って鳴るんだよ」と私の耳もとで聞かせてくれました。「いろいろな葉っぱの形があるんだね」「この花の名前なんだろう」と興味がふくらんでいきました。（後略）

このように，子どもの家庭での様子を教師が知ることで，生活科の活動におけるその子らしさを評価することができる。さらに，それを支援していくことによって，子どもは，自分の活動に自信を持ち，その子らしい活動がなされることが明らかとなった。

③「とっておきの春を紹介するよ」

学校の中や学校の周りで，様々な春を見つけた子どもたちは，自分なりの春を友達や家の人などに知らせたくなった。自分が見つけた春の中から，とっておきの紹介したい春を選び，自分なりの方法で紹介することにした。子どもたちは紹介の方法として，「紹介絵本」「紙芝居」「地図」「歌」「踊り」を取り上げ，準備をするための場所として，多目的ホール，工作室，音楽室などを設定したり，画用紙やマジックなどの材料を用意したりするなどした。

E子は，自分が見つけた春の様子をM子やS子と一緒に「春の紹介絵本」を作って紹介することにした。３人は，はじめからグループを作って春見つけの活動に取り組んでいたのではなく，クラス全員で見つけた春の紹介をしようという相談をした後，お互いが絵本を作ることを知り，一緒に取り組むことにした。まず，どんなことを紹介するか相談をして「公園や道端で見つけた春の草花や，それらを写した絵・写真を使って絵本を作る」ことに決まった。次に，それぞれが見つけた春の様子で紹介したいものについて話し合った。

Ｅ子：天神の森で見つけたタケノコを掘り出したことや近隣の公園で見つけた八重桜やＳ商店街で見つけたパンジーを紹介したい。
Ｍ子：天神の森で見つけたハコベ・カラスムギ，近隣の公園で見つけたドイツすずらん，Ｓ商店街で見つけた柏もち・くさもち・傘を紹介したい。
Ｓ子：天神の森で見つけた水仙・オオイヌフグリ・ハコベ，近隣の公園で見つけた八重桜，Ｓ商店街で見つけた春野菜（だいこん・タケノコ・人参など）を紹介したい。

教師は，３人の紹介したいものが春の季節を表していることを認めた後，自分たちで見つけた春をみんなに分かるように絵本にするには，どうしたらよいか考えるように伝えた。しばらく相談をしていたが，やがて，見つけた場所ごとに，写真と絵と本物を貼って作ることを決めた。絵本を作る部屋を相談していたが，教師が用意した部屋の中から工作室を選び，道具を準備して移動した。Ｍ子とＳ子は絵本の内容について自分で決め，作業をはじめていたが，Ｅ子は，なかなか決めることができずにいた。そこで，教師は，Ｅ子の書き表したいことを質問したり，Ｍ子やＳ子の絵本を参考にするとよいことなどを伝えた。Ｅ子は２人の様子をしばらく観察していたが，自分の書き表し方がはっきりすると，自分なりの方法で作りはじめた。その後，３人はお互いの作品を見せ合い，意見を交換して進めていった。教師は，出来上がった作品を見て，質問をしたり，表し方の良いところを認めた。子どもたちは，質問に答えながら，さらに作品を修正したり，よりよいものにしようと作業を続けていった。

このように，教師が子ども一人ひとりの取り組みについて，認める・褒める・質問をするなど，子どもの活動の様子を見取った評価をし，その評価を生かした助言や環境設定などの支援をすることにより，その子なりの活動がより深まっていくことが明らかになった。

第５節　生活科授業の実践④～季節にかかわる

❶単元名／実践者

小学校１年「みんなで遊べる夏の遊びを作ろう」／筆者

❷単元の構想

前単元「なかよしたんけんたい」の活動で，子どもたちは，森や池などのそれぞれの場所で，環境を生かして思い思いの遊びに取り組んだ体験をした。そのため，校内で遊ぶことができる場所やそこでできる遊びについては知っているが，思う存分に遊んだわけではないため，遊びの内容の深まりや広がりは十分とはいえない。

そこで，１年生の６・７月においては，学校の施設・設備や自分を取り巻く人に積極的にかかわりながら遊びに十分に取り組むことが大切であると考えた。そして，子どもたちにとって身近な「人・もの・こと」とかかわることにより，子ども自らが学校での生活をより楽しく充実したものとしていくことができると考えた。

また，この時期にブランコや滑り台などを利用した遊びが多く見られるようになる。そこで，子どもたちが力を合わせたり，自然環境を生かしたりして，夏という季節にふさわしい遊びを作る活動に取り組むことによって，季節の特徴や自然と親しむことの楽しさや遊びを作るおもしろさを体全体で感じてほしいと考えた。

梅雨の時期でも子どもたちは，外での遊びを望んでいる。前庭で遊ぼうと呼びかけると，子どもたちは遊具で遊んだり，水たまりを利用して遊んだりする。水たまりの水がなくなれば，くんできてまたもとのような水たまりにして遊びを続ける。気温も上がり，暑くなってきているためか，水たまりだけでなく池などの水のある場所で遊ぶ子も多くなった。また，日陰のある森の中で遊んだ経験を生かして遊ぶ子もいる。教師は，子どもたちの遊びがどのように変わっていくかを見守るとともに，子どもたちがどんなことをどのような方法で実現したいのかがはっきりと分かるように支援をしていきたいと考えた。

やがて，前庭では，水たまりでの遊びから自分たちで考えた思い思いの遊びがはじまった。森へ行って遊びはじめた子たちは，そこの自然を生かしたり，以前森で遊んだ経験を思い出したりしながら遊びを考えて取り組んでいた。教師は，これらの遊びに取り組む中で困ったり，トラブルが起こったりした時には，相談にのったり，助言をしたりした。また，材料や道具が必要になった場合には，用意した。

子どもたちが様々な遊びに取り組み，試行錯誤を繰り返すことによって自分がやりたいことが明らかになるだけでなく，どんな遊びを作りたいのかはっきりする。そこで，教師は子どもたちに遊ぶ時間を十分に与え，子どもたちの遊びへの取り組みの内容・方法を認めていく。

❸活動の展開

①みずたまりであそんだよ

雨が降った次の日，教師は前庭で遊ぼうと呼びかけた。子どもたちは，前庭のあちらこちらにできた水たまりを見つけ，遊びはじめた。はだしで水たまりの中へ入ってたわむれたり，スコップを持ち出して水路を掘り，迷路のようにして遊び出したりと様々だった。次の日になると水たまりは減っていたが，じょうろに水をくみ，水たまりのあったところに水を流し，昨日と同じように水の迷路を作って遊んだり，さらに大きく作ったりして遊んでいた。また，水たまりでは満足しない子たちは，砂場に行き，スコップで水路を掘り，水を流して遊びはじめた。しかし，どんな遊びをしたいのかはっきりとした願いがもてないようなので，活動時間を十分にとり，子どもたちの遊びたいことに自由に取り組むようにさせた。

Y男たちのグループは，遊ぶ内容が決まらないまま，穴を掘ったり，水路を掘ったりしてじょうろやバケツに水をくんできてはそこに水を流して遊びはじめた。楽しそうに遊びはじめたY男を見て，グループの他の子たちも同じように遊びはじめた。しかし，何回となく水をくんでためようと水たまりでの遊びを続けていたが，遊びの内容は前の時とほとんど変わらなかった。なかなか水がたまらないためか，子どもたちは続ける意欲が次第に薄れてきたようだった。

そこで，教師は「どうしたら水がうまくたまるか考えてごらん」と伝えた。子どもたちは，しばらく考えていたが，やがて，「下にビニールシートを敷けば，きっと水がたまるよ」とか「ビニールなら，水がなくならないね」などの意見が出た。そこで，ビニールシートを下に敷いて，水を入れることに決まり，教師のところへ「ビニールシートがほしい」と伝えてきた。教師がビニールシートを用意すると，早速，穴や水路の底に敷き，水をためることができた。水がたまると，子どもたちは，走ってきて飛び込んだり，身体ごとつけたりして遊びはじめた。何回か繰り返しこのような遊びをしていたが，そのうち，もっと大きな水たまりで遊びたいと考えた。

H子たちは，前庭でブランコに乗り，その下にできた水たまりをけったり，水たまりの中でどろんこになって遊んだりしては，水たまりに水を入れて，同じ遊びを繰り返し，ぬれた足を芝生の大きな石の上で乾かしては，また水たまりに出かけて遊んでいた。しかし，次第に水がなくなってきたことに満足できなくなり，いつまでも水がいっぱいある水たまりにしたいと思い，プールを作って遊びたいと考えた。何をしたいのかが決まるまで，活動時間を十分にしたり，活動中のその子らしい表れを認めたり，材料・道具等を援助をしたりするなどの支援を行った。

この結果，子どもたちは，いくつかの遊びに取り組むことにより，周りの環境とかかわりながら自分や友達の考えを付き合わせて，自分がこれから取り組んでみたい遊びを明らかにしていくことができた。

②ひみつきちをつくったよ

暑い日が続き，子どもたちは，日陰で遊びたいと考えていた。中でも，森の中に秘密基地を作って遊びたいと考えていたT男たちは，ビニールロープを使って基地を作りはじめた。はじめに，T男はグループの友達にどうやって基地を作るのかについて，自分の考えを説明した。T男は，ビニールロープを木に縛り付け，囲まれた所を基地にしようとしていた。ほかの子たちも，T男の説明を聞いて作りはじめたが，T男はみんなが作っている様子を見て自分の考えたのと少し違っていたので，その違いをみんなに伝えた。すると「Ｔ男君の考えもいいけど，ロープで全部囲ってしまうと出たり入ったりする時に不便だから，一か所空けた方がいいと思うよ」とか「出たり入ったりする時に引っかかるからロープを結ぶところは，もっと低い方がいいよ」といった意見が出された。

Ｔ男は，これらの意見を聞いても納得をしなかった。引き続き，グループで話し合ったがなかなかまとまらなかったため，教師はグループの子たちに「友達の考えでよいところは，どこだろう。よいところはみんなで取り入れるといいよ」と伝えた。

その後もしばらく話し合いをしていたが，やがてＴ男は，「ぼくは，自分の考えを少し変えて，出口を作った方がよいと思う」とみんなに言った。みんなもその考えに賛成し，出入口を付けた基地を完成させ探検ごっこに取り組んだ。

２日後，探検ごっこをしていると雨が降りはじめた。しかたなく教室に戻ったが，Ｔ男たちは，とても残念そうだった。外を見ながら，Ｔ男は「雨が降っても遊べるように，テントを作ろう」とグループの子たちに提案をした。全員がその意見に賛成をし，次回からテントを作ることになった。

Ｔ男たちは，教師に「テントを作るので，大きなビニールシートがほしい」と言った。そこで，教師は，次回までに大きなビニールシートを用意しておくことを約束した。次の生活科の時間に，Ｔ男たちは，教師からもらった大きなビニールシートを使ってテントを作りはじめたが，作りたいテントが違っていたために，自分の考えを主張し合いはじめた。Ｔ男は，自分の考えたテントとＦ男の考えたテントが違っていることに気づき，Ｆ男に対して，自分のテントのよさを次のように説明した。「ぼくが作りたいテントは，キャンプの時に使うような形をしたものだよ。屋根が三角になっているんだよ。２本の木をロープで結んで，シートを掛ければできるんだ」この説明を聞いてＦ男は，すぐには納得しなかった。そして，自分が作りたいテントを次のように説明した。「ぼくはね。シートの隅をロープを使って，４本の木に結び付けるんだよ。屋根は平らになるんだよ」みんなは真剣に聞いていたが，賛成する子はいなかった。Ｔ男とＦ男は，お互いに自分の考えを主張し合っていたため，テントはなかなか完成しないばかりか，ついには，Ｔ男とＦ男の言い争いにまで発展した。この様子を見ていた教師は，「どうしたらよいか，ほかの子たちの考えも聞きたいな。みんなで，相談してごらん」と助言をした。しばらく相談をしていたが，グループのほとんどの子がT男の考えに賛成をしたので，F男はこのグループから抜け，別の場所でテントを作ることを主張した。しばらく，沈黙が続いた。教師は，再び「T男くんとF男くんの考えは，どちらもいい考えだね。どうしたらいいかな」と尋ねた。そこで，S男は，自分の考えばかり言わないで，二人の考えを合わせたらもっといいものができるということをみんなに伝えた。この考えには，全員が賛成し，再び話し合いが行われた。その結果，T男の考えたテントを作るけれども，テントの下の方は，4本の木にロープで結ぶようにして，F男の考えのよいところを取り入れることになった。その後，グループ全員が力を合わせてテントを完成させた。

このように，子どもたちは，テントを作る活動において，自分と友達とは考えていることや思っていることが違うことに気づき，話し合いで決めていくことを学んだ。

こうした子どもたち一人ひとりの考えや思いは，その子の遊びの経験の違いから生まれてくるものであり，テントの作り方ひとつとってもはっきりしている。そこで，教師は，このような子どもの考えや思いの違いをはっきりとつかみ，適切な助言が大事であることが分かった。また，子どもたちが自分の考えや思いを友達の前ではっきりと主張できるように励ましたり，自由に意見が言えるように支援をすることも大切なことである。

この結果，考えや思いがぶつかり合った時でも，子どもたちは自分の考えをはっきりと主張することができるようになり，新たな解決策を子どもたち自身の手で見いだして解決していくことができるようになった。

③プールをつくったよ

H子たちは，水たまりでの遊びから，もっと大きな水たまりにして，その中に入って水遊びをしたいと考えた。そこで，まず，H子たちは，どのようにして作るか相談し，その結果，前庭の芝生にビニールシートで作ることにした。はじめに，くぼんでいる所を選んでビニールシートを2枚重ねて敷き，水を注いだ。しかし，なかなか水が思うようにたまらない。次の日，Y子が姉から教わってきたプールの作り方をみんなに伝えた。平均台４台を使ってプールを作るという。早速，グループの子たちが手分けをして，平均台を探しに出かけた。しばらくして戻ってきたが，どこにも見あたらなかったようだった。そこで，教師に平均台のある場所を聞きにきたので，運動場にある体育器具室の前にあることを伝えた。子どもたちは，すぐに平均台をとりいったが，３台しかなく困ってしまった。H子が，再び教師のところへ相談にきたので教師は，「体育器具室を管理している６年生のO先生に聞いてごらん」と伝えた。

しかし，H子たちは，まだO先生とは話をしたこともなかったためか聞きに行くことをためらっていた。もう一度教師が「自分たちの力で探してごらん。おにいさんやおねえさんに聞くといいよ」と助言をして励ました。すると，H子は，Y子を誘って一緒にO先生を探しに出かけた。校舎内へ入り，５年生や６年生などに聞いて，O先生を探すことができた。そして，平均台がもう１台ないかたずねた。しかし，３台しか学校にはないということだった。前庭に戻り，みんなにそのことを伝え，グループの子たち全員で，どうするか相談をしはじめた。N子は「平均台３台を使い，あと一つは木を使えばいいよ」という意見を出した。また，K子は，「平均台をロープで結んで，ビニールシートを使えばいいよ」という意見を出した。２つの意見について，グループ全員で話し合った。その結果，木を使うことになった。

そこで，Y子は，教師に木がほしいと伝えてきたので，教師は，板を１枚与えた。この板を２台の平均台に渡し，四角形を作ってビニールシートをかぶせてプールを作った。しかし板が薄いために，水を入れると持ちこたえることが出来ずすぐに壊れてしまった。何度か繰り返してみたがうまくいかない。しばらくして，U子がテラスに置いてある古いシーソーに使っていた厚い板を見つけてきた。そして，教師のところへやって来て，そのシーソーの板を使っていいかどうか尋ねた。教師は，「使っていいかどうか分からないから，事務室にいる事務員さんに聞いてごらん」と答えた。U子は，ためらってなかなか聞きに行こうとはしなかった。その訳を尋ねると「事務員さんはよく知らないから聞きに行けない」という返事が返ってきた。教師は「シーソーの板があるとプールができるから，みんなが助かるよ。聞きに行ってごらん」と再び聞きに行くように促した。U子は，しばらく考えていたが，友達のR子を誘って事務室へ行った。数分後，U子はにこにこしながら事務室から戻ってきて「使っていいよと言ってくれたよ」と教師やグループの子たちに伝えた。そこで早速，板の代わりにシーソーの板を使うことにした。厚い板を使用することにより，水を入れてもプールは壊れることはなかった。完成したプールで子どもたちは，とても楽しく水遊びを楽しむことができた。このように，子どもたちは，プールを作るための必要な材料や道具を得るために様々な人とかかわり，自分たちの願いを実現することができた。教師は，子どもたちが願いの実現に向けて様々な人とかかわることができるように，かかわる人を紹介したり，奨励したり，促したりする支援を行った。この結果，子どもたちは，活動に必要な材料・道具を援助してもらったことに対する感謝の気持ちだけでなく，かかわった人から優しくされたり，親切にされたりすることによって，その人のよさを感じることができるようになった。

第5章 かかわりで自立を促す総合的な学習の時間

第1節　カリキュラム作りと教師

総合的な学習の時間（以下，総合的学習）の創設の趣旨は，平成10年(1998)7月の教育課程審議会答申によれば，次のようになっています。

「総合的な学習の時間」を創設する趣旨は，各学校が地域や学校の実態等に応じて創意工夫を生かして特色ある教育活動を展開できるような時間を確保することである。

また，自ら学び自ら考える力などの［生きる力］は全人的な力であることを踏まえ，国際化や情報化をはじめ社会の変化に主体的に対応できる資質や能力を育成するために教科等の枠を超えた横断的・総合的な学習をより円滑に実施するための時間を確保することである。

総合的な学習の時間のねらいは，

- 自ら課題を見付け，自ら学び，自ら考え，主体的に判断し，よりよく問題を解決する資質や能力を育てること。
- 学び方やものの考え方を身に付け，問題の解決や探究活動に主体的，創造的に取り組む態度を育て，自己の生き方を考えることができるようにすること。
- 各教科等で身に付けた知識や技能等を相互に関連付け，学習や生活において生かし，総合的に働くようにすること。

また，総合的な学習の時間の学習活動については，

- 各学校は，例えば国際理解，情報，環境，福祉・健康などの教科横断的・総合的な課題，児童生徒の興味・関心に基づく課題，地域や学校の特色に応じた課題，また，高等学校においては生徒が主体的に設定した課題について知識・技能の深化・総合化を図る学習や，自己の在り方生

き方，進路について考察する学習活動などについて，創意工夫を生かした教育活動を実施すること。

・自然体験やボランティア体験などの社会体験，観察・実験や見学・調査，発表や討論，ものづくりや生産活動など体験的な学習，問題解決的な学習を積極的に取り入れること。

・グループ学習や異年齢集団による学習（小中），課題研究（高）などの多様な学習形態，地域の人々の協力も得つつ，全教師が一体となって指導に当たるなどの指導体制，地域の教材や学習環境の積極的な活用などについて工夫すること。

また，総合的な学習の時間の名称については，各学校において適切に定めることとなっています。

なお，平成 29（2017）年に新しい学習指導要領が示され，より各学校のカリキュラム・マネジメントが求められています。この改訂により，小学校・中学校の総合的な学習の時間においては，探究的な学習の過程を一層重視し，各教科等で育成する資質・能力を相互に関連付け，実社会・実生活において活用できるものとするとともに，各教科等を超えた学習の基盤となる資質・能力を育成する，とされています。

そして，小学校・中学校においては次のような目標をもって指導を行うものとすることとなっています。

目標

探究的な見方・考え方を働かせ，横断的・総合的な学習を行うことを通して，よりよく課題を解決し，自己の生き方を考えていくための資質。能力を次のとおり育成することを目指す。

(1) 探究的な学習の過程において，課題の解決に必要な知識及び技能を身に付け，課題に関わる概念を形成し，探究的な学習のよさを理解するようにする。

(2) 実社会や実生活の中から問いを見いだし，自分で課題を立て，情報を集め，整理・分析して，まとめ・表現することができるようにする。

(3) 探究的な学習に主体的・協働的に取り組むとともに，互いのよさを生かしながら，積極的に社会に参画しようとする態度を養う。

各学校においては，前述の趣旨及びねらいを踏まえ，総合的な学習の時間の目標及び内容を定め，例えば国際理解，情報，環境，福祉・健康などの横断的・総合的な課題，児童の興味・関心に基づく課題，地域や学校の特色に応じた課題などについて，学校の実態に応じた学習活動を行うものとされています。その際に，「障害のある児童生徒などについては，学習活動を行う場合に生じる困難さに応じた指導内容や指導方法の工夫を計画的，組織的に行うこと」「課題の解決に向けて探究する中で，道徳科において学習した道徳的価値についてより深く理解したり，自分の生き方と関連付けて考えられるようにすること」が主な留意点としてあげられます。

そして，学校における全教育活動との関連の下に，目標及び内容，育てようとする資質や能力及び態度，学習活動，指導方法や指導体制，学習の評価の計画などを示す総合的な学習の時間の全体計画を作成することになります。

1小中学校の総合的な学習の時間の内容

①各学校において定める目標及び内容に基づき，児童の学習状況に応じて教師が適切な指導を行うこと。

②探究的な学習の過程においては，他者と協働して課題を解決しようとする学習活動や，言語により分析し，まとめたり表現したりするなどの学習活動が行われるようにすること。その際，例えば，比較する，分類する，関連付けるなどの考えるための技法が活用されるようにすること。

③探究的な学習の過程においては，コンピュータや情報通信ネットワークなどを適切かつ効果的に活用して，情報を収集・整理・発信するなどの学習活動が行われるよう工夫すること。その際，コンピュー タで文字を入力するなどの学習の基盤として必要となる情報手段の基本的な操作を習得し，情報や情報手段を主体的に選択し活用できるよう配慮すること。

④自然体験やボランティア活動などの社会体験，ものづくり，生産活動などの体験活動，観察・実験，見学や調査，発表や討論などの学習活動を積極的に取り入れること。

⑤体験活動については，目標並びに各学校において定める目標及び内容を踏まえ，探究的な学習の過程に適切に位置付けること。

⑥グループ学習や異年齢集団による学習などの多様な学習形態，地域の人々の協力も得つつ，全教師が一体となって指導に当たるなどの指導体制について工夫を行うこと。

⑦学校図書館の活用，他の学校との連携，公民館，図書館，博物館等の社会教育施設や社会教育関係団体等の各種団体との連携，地域の教材や学習環境の積極的な活用などの工夫を行うこと。

⑧国際理解に関する学習を行う際には，探究的な学習に取り組むことを通して，諸外国の生活や文化などを体験したり調査したりするなどの学習活動が行われるようにすること。

⑨情報に関する学習を行う際には，探究的な学習に取り組むことを通して，情報を収集・整理・発信したり，情報が日常生活や社会に与える影響を考えたりするなどの学習活動が行われるようにすること。プログラミングを体験しながら論理的思考力を身に付けるための学習活動を行う場合には，プログラミングを体験することが，探究的な学習の過程に適切に位置付くようにすること。

ただし，中学校においては，以下の点が加わります。

⑩職業や自己の将来に関する学習を行う際には，探究的な学習に取り組むことを通して，自己を理解し，将来の生き方を考えるなどの学習活動が行われるようにすること。

※平成30年告示高等学校学習指導要領では，高等学校においては，名称を「総合的な探究の時間」に変更し，小・中学校における総合的な学習の時間の取組を基盤とした上で，各教科・科目等の特質に応じた「見方・考え方」を総合的・統合的に働かせることに加えて，自己の在り方生き方に照らし，自己のキャリア形成の方向性と関連付けながら「見方・考え方」を組み合わせて統合させ，働かせながら，自ら問いを見いだし探究する力を育成する学習として改訂しました。

❷総合的な学習の時間の単元づくり

総合的な学習の時間を通して，子どもたちは，様々な「人・もの・こと」と出会い，自らかかわろうとすることや自分の見方・感じ方・考え方などを大切にしながら対象に直に働きかけたり行動したりして，自分が生きている意味を経験として学ぶことができます。子どもたちは広い視野を持ち，「人，もの，こと」とのかかわりを主体的に受け止め，自分らしく生きる力を育てることができるようになります。

さて，単元を設定する時には，事前に単元計画を立てますが，この計画はあくまでも教師の計画として考えることが大切です。それは，子どもたちが経験したことを自らの力で意味を形成しながら学習を進めていくことを大切にしているからであり，「こうあるべきだ」という到達目標を設定するのではなく，子ども一人ひとりの「学びの履歴」を自らが創り出すことによって，経験の意味を再構成することを目標とします。

したがって，どんなことを子どもが学んだのか，教師は，そのためにどんな支援を繰り返してきたのかについてアセスメントを行うことにより授業デザイン及び単元計画が，その都度書き換えられていき，より子どもの学びに近いものとなることを目指します。これまでの教科のように目標が定められていません。子どもの願いを生かした学習内容や方法についての，教師の自主的で創造的な計画カリキュラムをあらかじめ準備します。

1．学習テーマを作る

総合的な学習の時間の計画カリキュラムづくりには，子どもの願いを生かしながら，教師が願う「人間らしい生き方」につながる学習テーマを設定することがまず必要です。

なぜなら学習テーマを設定することにより，総合的学習の学習内容を見通すことができるだけでなく，教師と子どもが学習内容を共有することができるからです。

さて，学習テーマは，「学校教育目標」「児童の実態」「学習対象」「学校環境」などの相互の関係を考えて設定するとよいでしょう。それは，学年毎にテーマを設けてもよいし，もう少し細かく子どもの発達に応じて設けることもよいだろうし，さらに，どの学年も共通にテーマを設けることも可能です。

例えば，静岡大学附属浜松小学校では，七つの「学習対象領域（人権・自然・性など）」と「願う子どもの姿」から，七つの学習対象領域が複合的に学習できるような11の「学習テーマ」を設けています。そして，全学年を子どもの発達と合わせⅠ期～Ⅳ期に分けて学習テーマを設定しています。

Ⅰ期　①学校生活への適応②季節感を味わう③生物とのふれあい
Ⅱ期　④ものを作る⑤地域文化にふれる
Ⅲ期　⑥自然と人間とのかかわりを見直す
　　　⑦食と文化のかかわりを探る⑧ボランティア活動をする
Ⅳ期　⑨性差と役割について考える⑩生命の大切さを考える
　　　⑪自分を見つめる

また，T小学校では，学校教育目標や児童の実態及び地域の課題を見つめ「人・もの・こと」とのかかわりの中で自分らしく生きることを願い，学習対象を地域の素材に求め「自然とかかわる」「文化とかかわる」の二つのテーマを設定しています。

『自然とかかわる』…子どもたちの身の回りにある自然で学習が可能だと思われること
『文化とかかわる』…学校を中心とした地域の歴史・習俗・習慣などの郷土のよさや自分たちの生活とかかわりのある文化などで学習可能なもの

2.学習テーマから単元を作る

実践する時には，こうした学習テーマをもとに，子どもの実態，思いや願いを生かした単元を計画することになります。

そこで，各学年の子どもの願い及び教師の願いをもとに「ねがい」「子どもの実態」「学習テーマの目標」「学習対象」「学習過程への方策」「学習環境・条件」の六つの構成要素のそれぞれの関係を意味づけて単元を設定します。

そして，これら六つの構成要素をもとに，「出会いの場（主題を持つ）」

「経験（課題解決）の場」「表現の場」に重点をおいて学習計画の立案をしていくこととします。「出会いの場」では，子どもたちの願いや興味・関心をもとにして工夫すること，「経験の場」では課題解決にあたっての子ども一人ひとりの思いを大切にした支援を工夫すること，「表現の場」では，個々が相互交流を通して共に学ぶことを意識して設定することを大切にします。

このようにテーマに関係する「出会い」をすることで，子どもたちが考えるであろう追求課題を子どもの願いや興味・関心などの実態や教師の願い，目標などから多面的に検討でき，大まかな学習の流れを教師が見通すことができます。そして，活動内容を考えて時数を算出したり，ひとまとまり毎に小単元として整理したりできます。

その際，学習が進むにつれて子どもの意識が変化することを予想して計画は緩やかなものにしておくことが大切です。

こうして，はじめの計画カリキュラムを立案しますが，学習が進められる毎に子どもたちの学習の実態に対応して修正していき，より子どもの学びに近い計画カリキュラムを作り出していくとよいでしょう。

第２節　総合的な学習の時間　実践①

～昔の体験を通して地域のよさに気づく

❶単元名／実践者

小学校３年「昔さがしの旅に出よう」／沢田千菊教諭（静岡県・公立小学校）

❷単元の目標

Ｔ地区の自然・文化やならわしに関心を持ち，調べたり体験したりする事を通して，Ｔ地区により親しみを感じることができる。

〈社会〉昔の子どもの衣食や遊びの体験を通して，地域や自国のならわしを大切にし，これからの生活に生かそうとする。

〈音楽〉昔の遊び歌にふれ，口ずさんだり，リズムに合わせ楽しく身体表現をしようとする。

〈国語〉自分や周りの人々の生活を比べて，それぞれのよさについて自分なりに気づいたり考えたりしたことを作文に表す。

〈図工〉昔の遊び道具やお菓子を身近な材料の特徴を生かして作る。

❸単元の設定理由

地域に住む人たちから様々な文化・伝統・風俗等について体験を通して学ぶことによって地域を理解し，そのよさに気づくことができると考えている。また，自分が住んでいるＴ地区の人々の日常生活の営みや，人々が慣れ親しんだ遊びや古くから行われている習わしについて，様々な人とのコミュニケーションやふれ合いを通して，そのよさを感じ取ることによって親しみをもつことができると考えている。

そこで，昔の子どもの生活を体験したり，家族や地域の方々とふれ合ったりして，自分の住むＴ地区に親しみを持ち，今とは違うくらしぶりを知ることで，多くのことを感じるだけでなく，昔の遊びをこれからの生活にも取り入れたり，他の学習でも地域の方を関わりを持とうとしたりすることを願って本単元を設定した。

❹学習活動

昔のくらしをしてみよう（４時間）

昔さがしの旅の計画を立てよう（１時間）

昔さがしの旅に出よう（15時間）

・昔のお菓子を作って食べよう
・昔の遊びをしてみよう
・作って遊ぼう
・昔の学校を訪ねよう
・学校の周りの昔を探そう
・家の中の昔を探そう

5学習展開

ア　昔の遊びをしてみよう

「輪まわし」「竹馬」「おはじき」「石けり」「お手玉」「水雷ごっこ」の遊びができるように道具・材料・遊び方カードを用意し，自由に遊ばせた。中でも「輪まわし」「竹馬」「おはじき」「石けり」「お手玉」で遊ぶ子が多かった。今回は水雷に挑戦する子はいなかった。

M子は，ヨーヨーのような蹴鞠を持ってきていたにもかかわらず，はじめは，おはじきに夢中になっていた。おはじきのやり方を知っているので，友達に教えてあげていた。続いて，お手玉に挑戦し，教師の技を見ては，同じようにやってみようと夢中で取り組んでいた。

どの子も自分のやりたいことを選んで挑戦をしていたが，中でも，K子は石けりを自分の知っている点数式の遊びにして遊びはじめた。それを見ていた周りの子たちが，楽しそうだと思ったのか集まってきて，K子に教わっては遊んでいた。

授業後，「もっと遊びたい」という声が多く，中でもY夫とM絵は「昔の人は輪ころがしみたいに，いらない物を使って遊んでたんだね」と話していた。M絵は，今の遊びと昔の遊びを比較して，昔の遊びのよさも感じ取れたようだ。

イ　作って遊ぼう

R子のおばあさんが「じゅず玉」を持ってきてくれたので，R子とA子とM子は針と糸を使って，じゅず玉のネックレスやブレスレットを作った。できあがるとM子は，お手玉の新しい遊び方やおはじきのやり方について，R子のおばあさんから教わり，友達と一緒に楽しんでいた。

A子のおじいさんは，「竹とんぼづくりの名人」として，男の子達にいろいろなコツや，刃物の使い方を教えてくれていた。特に，羽のそり具合や，印を付けて切り口を決めるなど，細かい作り方だったが，子どもたちもよく名人の技を見て真似して作っていた。

U太のおばあさんは，K美やI子の質問に答えて，昔の家の中の様子を教えていた。二人ともその話に真剣に耳を傾けていた。とても楽しそうだった。

ウ　昔のお菓子を作って食べよう

今日は，昔のお菓子を作ることになった。R男・Y子のおばあさんとR子のお母さんそしてO先生が手伝ってくれて，「きなこあめ」「五平餅」「べっこう飴」を作った。どの子もわくわくして，楽しそうに作った。

M子は，きなこあめの作り方を面白そうにおばあさんたちやO先生から聞いていたが，やがて，自分でも作りはじめた。作る手つきは，上手とは言えないが，とても楽しそうに作っていて，できあがるのが楽しみであると何度も友達に語りかけていた。

この時間，五平餅のみそのにおい，砂糖をとかす甘い匂い，家庭科室が駄菓子屋さんのようだった。途中で味見をするのも楽しみの一つで，べっこう飴も，きなこあめも五平餅もとてもおいしいと口々に話していた。

また，別の教室で竹とんぼ作りに，10時間連続して取り組んでいるR男は，めずらしく一つのことに集中していて，今日は，名人の教えを守りながら，とてもよく飛ぶ竹とんぼを完成させることができた。ふわりと上に浮かぶ竹とんぼをR男は誇らしげに友達に見せていた。

第3節　総合的な学習の時間 実践②

❶単元名／実践者

小学校4年「私たちの海，D海岸を守ろう」／神農佐知子教諭，上田欣吾教諭（静岡県・公立小学校）

❷単元の目標

海岸での様々な体験で感じたことをもとに，海の持つ自然のすばらしさ，海を利用した地域の人々の営みや環境保全の取り組みなどについて，課題を見付け解決することで，D海岸のよさや自分のこれからの関わりについて考え実践することができる。

❸単元の設定理由

4月「地域発見遠足」を出会いの場とした。D海岸をグループで歩き，砂浜であさりをとる様子を見たり，ドッジボールで遊んだりし，海の空気を味わった。その後，調べてみたいと思ったことや，やってみたいと思ったことを書きとめ，それをもとに話し合いを行った。子どもたちが海でやってみたい，調べたいという思いは次のようなものであった。「ゴミが多いね。きれいにしたいな」，「地引き網をやってみたいな」，「D海岸ではどんな魚が捕れるのだろう」，「去年の4年生は塩を作ったんだって。ぼくらにもできるかな」，「塩ってどんな方法で作るのだろう」，「アカウミガメが来るって聞いたよ。本当かな」「ゴミ拾いをしよう」など，遠足で見たこと以外にも，今までの体験や聞いたこと等から考えたことをあげていた。

❹学習展開

はじめに課題をもって調べる学習を行った（どんな方法で地引き網をするか，遠州灘ではどのような魚がとれるか等）。とれた魚をどうするかという課題が出てきたため，魚の命を大切にすることについて話し合い，結果「食べることが海の命を大切にすることにつながる」と考え，食べることとなった。とれた魚を「海で塩焼きにして食べてみたい」という願いが強かったため，七輪で焼いて食べる活動を取り入れることにした。

地引き網当日は，漁師さんが揺れる船を沖へ出して網をかける様子を見て，「漁師さんは命がけで漁をしているんだね」というつぶやきが聞こえ，重い網をみんなで協力して引いた。網が上がると網の中をのぞき込んで歓声を上げる子どもたちの姿が見られた。漁師さんには，とれた魚について説明を聞き，その後，そのまま海岸で，七輪を使って焼いて食べた。とれたての魚をみんなで焼くことはとても楽しい体験で，いつもは魚が苦手な子も食べる姿が見られ，記録には魚が本当においしかったという感想が数多く書かれていた。

ア　アカウミガメのひみつ（7月～9月）

はじめに，保護活動をしているビデオを見てアカウミガメへの関心をもたせた。砂浜についた車の轍をずっと歩き続ける子ガメの映像を見たり，「D海岸でも生まれているアカウミガメの命が簡単に奪われていること」，「ビニールをクラゲと間違えて食べ，死んでしまうカメの話」を聞いたりし，子どもたちはかわいそうだという気持ちをもつと共に，ウミガメについてもっと知りたいと思う気持ちを強くもった。

子どもたちは，ウミガメの種類や産卵の仕方，ウミガメの保護活動の様子などについて，図鑑やインターネットで進んで調べた。夏休みに，保護をしている団体サンクチュアリセンターに行き，調べ学習をしてきた子もいた。

９月，Ｄ海岸で子ガメの放流体験を行った。海岸でサンクチュアリジャパンの方から，「海岸では卵が守れない理由と子ガメが海に帰れない原因」「ウミガメがくるこの海岸をみんなで守っていってほしいということ」などの話を聞いた後，子ガメの放流をした。自分のカメに名前をつけ，海岸を一生懸命歩く子ガメを見ながら，小さな命の大切さを実感することができたようである。学校に帰ってからも，「今頃どの辺を泳いでいるかな，ぼくのカメ」とカメのことを考えていた。自分たちの手から新しい命を送り出すことは，子どもたちの心に大きな感動を与えた。

イ -1　塩作りにチャレンジ　（１０月～１１月）

Ｄ海岸でとれた塩と普通の塩を比べて，色の違いや形状の違いなどに気づかせて塩に関心を持たせた。塩と共ににがりがとれるということに気づいたことから，にがりを使って豆腐作りの方法を調べていった。子どもたちから，実際に海岸で塩を作り，にがりを使って豆腐作りをやってみたいという意見が出された。そこで，地元で昔から塩作りに取り組んでいるＯさんにお願いし，昔ながらの方法で取り組んだ。大きな熊手のようなもので塩田を作ったり，柄杓を使って塩田に海水をまいたりして，子どもたちは夢中になって活動をした。大きな樽から濃い海水があふれ出てきた瞬間は大きな感動があった。濃い海水を学校に持ち帰り，煮詰めて塩とにがりに分けた。

イ -2 豆腐作りにチャレンジ　（１０月～１１月）

Ａ町産の大豆と塩作りでとれたにがりを使った豆腐作りでは，まず，大豆をミキサーですりつぶし，豆乳をしぼる。水が少なく，しぼるのが大変だったが，子どもたちは大変根気よく行った。豆乳を少し煮てから，にがりを入れると見る間に固まっていく様子を見て，「なんでにがりで固まるの？」と驚く様子が見られた。

できあがった豆腐は，海のにがりの味がする，味の濃い豆腐になった。

ウ　D海岸の素晴らしさを伝えよう（１１月～１２月）

山間地のＳ町のＳ小学校で，学校近くを通る「塩の道」について調べていることを知った教師は，Ｓ小学校から手紙とレポートを送ってもらい，子どもたちに示した。手紙を読んで子どもたちは，塩作りのことを教えてあげたいと考えた。また「塩の道」に子どもたちは，大変興味をもち，Ｓ町の塩の道を歩いてみたいという意見が出された。そこで，本当に必要な学習か，子どもたちの考えを深める話し合いと交流の計画を話し合った。

Ｓ小学校との交流学習では，山の自然の中で発見したことが多くあった。実際に塩の道を歩き，昔の人は塩を運ぶために大変な苦労をしていたことを体験することができた。

昔，何度も重い塩の荷を積んで運んだため，石がけずれているところや馬頭観音などのところでは，Ｓ小学校の子どもたちの説明を聞いた。塩が実際に運ばれた昔に思いをはせ，「こんな道を運んだの」「塩って貴重だったんだね」などのつぶやきが聞こえた。子どもたちは改めて塩の大切さを感じることができた。その後，Ｓ小学校では，海での体験をもとに，自分たちが感じたこと，分かったことなどをクイズや説明，劇などで伝え，ミニ本を配って説明したグループもあった。

エ　海を守ろう，大作戦（１月～３月）

これまでの活動で感じたこと，考えたことをもとに，自分たちにこれからできること，すべきこととは何だろうと話し合った。子どもたちからは「Ｄ海岸には，自分たちが放流したカメがもどってくるかもしれない。それまで海岸をきれいにしておきたい」「海を守っていかなければ」「自分たちだけできれいにしても，また海にごみを捨てる人がいるかもしれない」「もっと多くの人に伝えよう」などの意見が出され，話し合いが深まっていった。また，子どもたちから出された考えをもとに，「カレンダー」「ビデオ」「歌」「看板」「ポスター」「下じき」「ホームページ」などを作って伝えることにし，計画を立てて制作活動を行った。また，キャラクターを作って，海の大切さを伝えたいという意見も出てきて，キャラクターを募集し，作品に掲載していくようになった。制作活動には大変時間がかかったが，子どもたちは一生懸命活動に取り組んだ。出来上がった看板は，海岸と学校前に設置した。また，ちらしやポスター，下じきなどを代表児童がもって，Ａ町教育委員会を訪ね，教育長さんに学習の成果と海を守ってほしいということを知らせた。このほか，役場，町立図書館なども訪問し，作った物を多くの人に自由にもっていってもらえるようお願いし，置いていただいた。新聞社等にも知らせたところ，取り上げられ，多くの人に知らせるという子どもたちの願いが実現された。

第４節　総合的な学習の時間 実践③

❶単元名／実践者

小学校５年「自分の味を発見しよう」／筆者

❷単元の設定理由

本単元は，総合的な学習の時間の学習テーマ「食と文化の関わりを探る」を受け，「毎日食するものがその時代の文化と深く関わっていることに気づく」ことをねらって設定したものである。子どもたちの身の回りを見るとハンバーガーやチキンなどのファストフードをはじめ，電子レンジなどで手軽に調理できる冷凍食品などが数多く出回っている。そして，日常の食事の場面においても子どもたちはそれらを食する機会が多くなっている。このような食品は人々がよりよい生活を求め，より簡単に，よりスピーディーに調理できるものをめざして開発されたものである。いわば，現代の日本人にとっての食文化を示す代表的な食品である。

ところが近年，このような食文化の現代化に対して，必ずしも肯定的に考える人ばかりでなく，これまでの日本の伝統的な食文化を見直し現代の食文化に合わせた食にしようとする動きや自然の営みを大切にした無添加・無農薬によって作られた食材を使って調理することを大切にしようとする動きも見られようになってきている。さらに，食材の日本における自給率は年々低下する傾向にあり，これらの点についての見直しや自給率を上げる試みもなされている。加えて，在日外国人の増加や外国との交流が盛んになるにつれ，食事そのものも国際化され，バラエティーに富んだ日本人の食生活が見られるようになってきた。このように，子どもたちの食をめぐる文化的環境は，これまでにない変化をとげるとともに，日々その変容も著しい時代であるといえる。

さて，このような現代の食文化の中において私たちは，日々その影響を受け自分自身の食文化を形成している。そして，子どもたちも家庭・地域・学校などにおいてこの食文化の影響を受けていて，決して例外ではない。子どもたちにとって最も身近な食文化を示すものとして学校給食がある。しかし，学校給食における子どもたちの様子や日常の子どもたちの会話などからは，子どもたちが食べている物が，その時代の文化と深く関わっていて，自分たちが「おいしい」とか「まずい」と感じている味や香りは，一人ひとり異なり，味や香りの好みは自分らしさを示すものであることに気づいているとは感じられない。また，子どもたちにとって「食べる」ということは，非常に身近なことであり，生活の重要な一部でもあり，生きることにつながるものでもある。

子どもたちの給食の様子を見てみると「残菜が多い」ことが傾向として見られる。その原因として「好き嫌いがある」「食べる量が少ない」ことが挙げられた。次に，子どもたちに給食の味について聞いてみた。その結果，子どもたちからは，「メニューによって好きな時と嫌いな時がある」「好きな食べ物は，肉などのよく食べているもの」「嫌いな食べ物は家とは違う味がするもの」などの意見が聞かれた。さらに，食べ物の味の好みはどうして決まるのかと聞くと，どうも「自分がよく食べているものの味」が自分の味であり，結局，味の好みは毎日の食生活とかかわっているということが分かった。

そこで，はじめに，子どもたちがよく食べているもので，現代の食文化を示す冷凍食品の中から「チキンナゲット」「コロッケ」「ハンバーグ」を選び，食べることにする。次に，子どもたちが経験したことのない昔の日本の食の代表的なものとして，奈良時代に当時の人々にとっての高級食であった「万葉食」を食べることとする。そして，最後に，以前は食の中心をしめていたが洋食化した現代において見直しをされているものの中から「おふくろの味（ひじきとおから）」を取り上げて食べることとする。そして，これら３品について食べ比べをし，それぞれのよさを見つけることとする。また，それらを実際に作ったり，様々な人に作り方を教わったりするなどの取り組みを通して，味覚がもつ意味について気づかせたり，食と文化とのかかわりに気づかせたりしていきたいと考えている。従って，子ども自らが，自分にとっての味や香りの発見をするために様々な時代の食を食べたり，調べたり，食を作る人と触れ合うことによって自分の味を発見していこうとする活動は，総合の学習で求める「その子らしい生き方につながる」単元として意義があると考える。

教師は，子どもたちが自らの食生活とかかわらせながら体験を通して学習を進めることにより，食に対する味や香りの好みは時代とともに変わることや一人ひとりの食の経験によって違っているということに気づいたり，一人ひとりがもつその人なりの味や香りを認め合ったりすることの大切さを感じたりしてほしいと願っている。また，現代における食文化について子どもたちの身の回りの「人，もの，こと」のかかわりを通して，その価値に気づいたり，昔の人達が現代とは違った環境下において努力や工夫をすることによって食文化を創ってきたことを知ったりして，自分なりの食文化についての考えを養ってほしいとも願っている。

❸学習展開

ア　自分の家庭生活から冷凍食品を考えよう

Ｙ子は，現代の食文化を示す冷凍食品の中から「チキンナゲット」「コロッケ」「ハンバーグ」を選び，冷凍食品に興味をもち，自分の食生活と冷凍食品とのかかわりや自分がどんな味覚をもっているのか探ろうとした。そこで，家庭での利用状況やスーパーマーケットで買われる様子などを調べたり，冷凍食品と家庭との味の違いを調べたりする学習計画をたてた。はじめに，冷凍食品の種類について近くのスーパーマーケットへ出かけて行き，ショーケースの中のものを調べ，全部で６０種類あることが分かった。そして，買い物に来たお客さんに「冷凍食品を使う時」「長所」「短所」についてインタビューをした。

また，お店の人にもインタビューを行い「冷凍食品の方が家庭で作るより高くつく」「さめるとおいしくない」「半年はもつ」「機械で作る」「売れないものは安くする」などを聞いてきた。

しかし，これだけでは，自分の味が分からないし，家庭の味との違いも分からないと考えたＹ子は，冷凍食品の中から家庭では手作りで食べる「コロッケ」を買い，母親手作りの「コロッケ」との味比べをすることにした。自分で味比べをしてみて，家庭の母親手作りの味の方が自分に合っているということに気づいていった。しかし，どうして冷凍食品が売られていて，しかも買われているのかということに疑問を抱いたＹ子は，クラスの人に冷凍食品の利用状況についてのアンケートをとった。その結果，冷凍食品をときどき利用している家庭が多く，その理由として「手軽さ，保存，いつでも作れる」の３点があげられ，自分の家庭と同じであること分かり，どうも自分の味の原点は家庭料理にあるらしいということに気づいていった。

そこで，Ｙ子は，自分の家庭の味はどのようなものか，友達の家とどのように違うのかということに疑問をもった。この疑問を解決するために，「ひじきの煮付け」を選び，友達３人と実際に作ってみて，作り方を比べたり味を食べ比べたりすることによって，自分の家庭の味をもっと明らかにしようと考えた。

イ　食べ物の歴史から冷凍食品を見てみよう

Ｕ子は，冷凍食品がどうして生まれたのかに興味をもち取り組んだ。まず，食べ物の歴史を調べようとして読書室で調べたが思うような資料には出合わなかった。そこで，市立中央図書館で借りて調べることになった。Ｕ子が借りてきた本を教師も共に読み，食べ物の歴史を調べた。Ｕ子は調べている途中で「冷凍食品は，女性が仕事を持ちはじめ，家事をする時間がなくなってきたため生まれたんだよ。費用は高くなるけれど，時間をお金で買っているんだよ」と話しかけてきた。おそらく，調べている本の中にのっているのだろうと思い「どこかに書いてあったの？」と尋ねた。U子は「本にも書いてあったけれど，家のお母さんからも聞いたよ」と答えた。これまでの食べ物の歴史を調べていくと冷凍食品は，近年になってできたものであり，世の中の変化によって生まれたのだということに気づいたようである。そこで，「おいしくなければ使わないし役にたつのかな」と尋ねた。すると，U子も同じ考えを持っていることや冷凍食品について調べていきたいということを話し，①種類②使い方③使うわけ④味の４点を挙げた。

U子がノートにまとめる作業を見て教師は「U子は，これまで本で調べたり，人に聞いたりして学習を進めてきたけれど，自分の味を見つけるためには作って食べないと分からないだろう。だから，冷凍食品と手作りを食べ比べるとどうだろう」と学習への見通しをもった。そこで，U子に「どうしたら冷凍食品のよさが分かるだろう」と尋ねた。しばらく考えていたU子は，「冷凍食品と手作りを作って食べてみればいい」と答えた。教師は「どんなもので比べるといいかな」と再び尋ねた。U子は家庭でよく作る「コロッケ」と「ハンバーグ」は自分が好きで，作ることができるからということでこれらを取り上げて実際に作って比べることとした。また，何か比べることがはっきりしていると分かりやすいことを助言し，比べる項目として『作る時間』『材料費』『味』『見分け』『成分』に決めた。そこで，スーパーマーケットで購入した冷凍食品と手作りのものとを食べ比べることにした。U子の作るのを見ながら教師は「きっと，自分で作ってみたいと思っているだろうし，その方が違いが分かるだろう」と思い，見守ることにした。

出来上がった「コロッケ」と「ハンバーグ」を食べながらU子は，「やっぱり」と一言言った。「どういうこと？」と教師が尋ねると，「自分で作った方が，味もいいし，栄養もあるみたいだよ。自分の家しかできない味なんだよ」と答えた。

しばらくしてU子は「冷凍食品は簡単にできるけれど，手作りは時間がかかるよ。忙しい時は，どうするのだろう」と言ったが，すぐに「冷凍食品を自分の味付けで調理すればけっこうおいしくなるよ。時間も短くてすむし」と言ってにっこり笑った。

ウ　「万葉食」を作る人とのふれあいから学ぼう

子どもたちが経験したことのない昔の日本の食の代表的なものとして奈良時代に当時の人々にとっての高級食であった「万葉食」を食べた。E子は，その時に食べたものについて

赤米：おいしい　餅米みたい
蘇：　昔のチーズ　とてもおいしい
草：　とてもおいしい。草を食べるとは知らなかった。

という感想をもった。そして，「今と昔の食べ物の栄養の違い」を調べることを課題としてもち，昔の食べ物として「万葉食」を，今の食べ物として「冷凍食品」を取り上げた。

そこで，E子は，まず万葉食について調べることにした。自分で集めてきた資料や読書室にある本をもとに調べ，また，近くの図書館へも足を運んで調べてみた。「万葉人の食事の概略」「万葉人のくらし」などについては分かったが，「万葉食の作り方」がよく分からなかったようである。教師も一緒に調べてみたがやはりはっきりしなかった。そこで，万葉食を作っている人に手紙を出した。しかし，手紙では不十分なため，直接その人に会っていろいろと聞いてみたいと申し出てきた。教師は万葉食を作っているKさんと連絡をとり，来校していただくことにした。

E子はKさんに万葉食の作り方についていろいろと尋ねた。教師も共に聞きながら，E子がKさんからの聞き取りで『万葉の歌』を参考にしながらメニューを決めたことを知ったようだと感じた。

また，E子が質問する内容を聞いているうちに教師は，「どうもE子は，『料理をする時の工夫』が知りたくて，仕方がないようだ」と感じたので，E子に「Kさんに，『料理をする時の工夫』を聞いてごらん」と助言をした。すると，E子は，すぐにKさんに質問をし答えを聞いて「お店に出す物を試食するなどして，とても苦労をしているんだな」と感じたようである。

このように，実際に作っている人とかかわることによって表面では見えないことに気づいていくことができた。子どもが自分が知りたいと思うことを感じていてもうまく言い表せないとかタイミングがつかめないといった場合には，教師は子どもから感じることを大切にして助言をすることが必要であり，そうすることによって，学習が深まり意味が形成されることにつながると考えられる。

❹評価と支援について

食に対する個々の表れは子どもたちの日常における食の体験が大きく影響している。特に食はプライベートな面が強く，子どもたちはこれまでの生活を通して味や香りについて，自分なりの感じ方や考えなどを形成してきている。そこで本単元では，教師は自分の味や香りについて自らの感じ方や考え方を開示することや，日常生活における教師と子どもとのコミュニケーションを十分にし，その子らしさを教師が感じ取っていくようにしたい。そして，教師は子どもたち一人ひとりと給食時や活動時において共に作ったり，食べたりすることを通して子どもとの関係性を作るように心掛けてきた。

❺授業実践を通して

子どもたちは，本単元の学習を通して，「食と文化とのかかわり」を学んできた。

S子は，学習を振り返って次のようにまとめている。

「自分の味は，薄味の和食，おふくろの味です。家では，みんな，塩や砂糖などの調味料を減らして食べ物の味を出すようにしているからです。この学習をしてみて，冷凍食品にもいいところがあるということが分かったし，おふくろの味は，その家その家によって微妙に違うということも分かりました」

今まで，身近な日常生活としての食事，作ってくれたから食べていたもの，そして，自分の好みの味は，実はこれまでの生活経験によって育ってきたものであるということが子ども一人ひとりの経験によって学ばれてきた。そして，子どもたちの追求はあくまで一人ひとりの意識の流れを大切にして，自ら計画をたてて取り組むようにした。この結果，様々な事象とのかかわりを通して，感じたり，気づいたりしたことがこれまでの自分のもっていた対象に対する意味を再構成させ，新たな価値観をもつようになり，その子にとっての意味が形成されていった。

そして，単元の流れを見てみると，子どもたちが主体的に学習に取り組み，自分の考えを生かしながら取り組むことができた。しかし，子どもの学びの履歴としてのカリキュラムを作っていくためには，教師が子どもたちに出会わせる事象をどのように設定していくかということが十分に研究されていないと，単元全体の流れが不明瞭になるばかりでなく，子どもたち一人ひとりの学習内容・対象がぼけてしまうことになる。そういった意味で，本単元における出会いと学習の意図との関係が不十分であったといえる。

第５節　総合的な学習の時間 実践④

❶単元名／実践者

小学校６年「自分ができることをしよう」／筆者

❷単元の設定理由

本単元では，学習テーマ「ボランティアをしよう」を受け，「自分の身の回りの廃棄物・資源・生命・福祉・医療などの問題に自らが切実さを感じてかかわることによって，自分とのつながりを見つけるとともに経験を通して自分の生き方につながる見方・感じ方・考え方を培うことができること」を願っている。

これまで子どもたちは，５年の単元「自分の味を見つけよう」や「米料理から世界を見よう」の学習を通して，一人ひとりの味はそれぞれ違っていても認められるものであることや，それぞれの地域における風俗・習慣などの違いによって特色ある料理が作られていることなどの食文化の個性について学習をしてきた。そして，食文化に対する見方・感じ方・考え方などの違いを認めることは，お互いの見方・感じ方・考え方を認めるとともに相手を認め，自分の存在感をより確かなものにすることにつながった。そこで，さらに自分と他の関係から自分と社会の関係にも目を向け，身の回りに存在する廃棄物・資源・生命・福祉・医療などの地域の社会問題などについて，子ども自らが切実さを感じてかかわり，自分の生き方につながる価値観を培ってほしいと考えた。このような社会の問題に対して切実さを感じてかかわることによって，子どもたちは地域の社会問題が実は自分自身の問題であることやそれらの出来事と自分とのかかわりに気づくことができる。また，社会の問題とかかわる人とは，決して無関係ではなく相互に依存し合う関係であることにも気づくことにもなる。したがって，地域の社会問題に切実さを感じてかかわることにより，子どもたちは，自分と身の回りの「人・もの・こと」と主体的にかかわり，自分を取り巻く世界の相互依存性に気づき，社会の問題とかかわる人とともに生きることのすばらしさを感じていくと考えられる。

このような自分の身の回りにある医療・福祉などの社会問題を，子どもたちが切実さをもってとらえ，主体的で自分なりのかかわり方を大切にしながら取り組む活動をしていくことや，こうした活動を通して，対象となる「人，もの，こと」とのコミュニケーションを大切にしたネットワーク作りの中で，自分の身の回りの様々な生き方に学び，人間らしい生き方を見つけていってほしいと願い，本単元を設定した。

3願う子どもの姿

ア　からだを通して学びを表現する

子どもたちは，点訳などのボランティアに取り組む人，幼児，老人などにかかわることにより，それぞれの人の思いを感じると思われる。ただ感じるというのではなく，それらの人々の切実な願いにも気づいていくと思われる。このような人とのかかわりを通して感じたことを，自分のこれまでの経験に照らし合わせて自分の考えや思いを伝えたり，自分ができることに取り組んだりしてほしいと願っている。それは，かかわる人との会話や相手の表情・仕草などから「いま・ここ」での相手の思いや願いを感じることであったり，「いま・ここ」で自分が取り組んでいることについての相手のまなざしを感じたりすることである。また，ともに活動している友達の思いや願いも感じてほしいと願っている。

イ　かかわりの中で学ぶ

自分ができる活動に取り組むことによって，いろいろな人との出会いが考えられる。こうしたいろいろな人との出会いにおいて，その人の考え方や生き方のよさを感じ取るとともに自分の生き方を見つめ直す視点が子どもたちに生まれてほしいと願っている。また，活動に対する友達の見方・考え方についても自分の見方・考え方との違いを認めたり，そのよさを受け入れたりしてよりよい活動へとつなげていってほしいと願っている。

ウ　自分なりの意味を形成する

自分ができることに取り組む活動を通して，子どもたちは，自分自身のこれまで出会ったことのない人に出会い，その人の活動に感動したり，自分も取り組んでみようと思ったりするかもしれない。こうした人々に対して子どもたちは，一人ひとりのよさを見つけるだけでなく，自分もその人とともに今をよりよく生きようとしているということに気づいてほしいと願っている。また，実際に自分ができることに取り組むことにより，今まで自分が経験をしたことのない新たな体験をすることになるだろう。そして，子どもにとって，これまで気づかなかった人とのコミュニケーションのよさや様々な人とかかわることによって広がるネットワークのよさに気づいていってほしいと願っている。さらに，ボランティア活動は，自分が困っている人のためにしてあげることではなく，自らがともにかかわり，ともに生きるという経験そのものであることに気づいてほしいと願っている。

❹学習展開

ア　自分にも何かできそうだ

〔６年生の作文との出会い〕

ある東京の６年生が近くの療育園を１年間訪問し，おむつたたみや床掃除などを行い卒業時に書いた作文「一人ひとりのできること」をＳ子は，じっと読んでいた。近くの席の子とも言葉を交わさなかった。彼女には，高齢で病気の現在入院している祖父がいる。これまでの彼女の行動から，おそらく共感できたものがあるのだろう。療育園で自分と同じ世代の子が１年間にわたる活動から感じたものを彼女は好意的に見ている。できれば，自分も何か取り組みたい，動き出したいという感じが伝わってきた。

授業後，彼女の「自分でも何か役に立つことをしたい」という一言が印象的であった。

〔点字ボランティアＡさんとの出会い〕

教師は，浜松ボランティアビューローの職員の方から，点字ボランティアのＡさんを紹介していただき，来校して点字についての簡単な話と点訳体験をしていただくことにした。早速，３回来ていただくようにお願いをした。

点字ボランティアのＡさんは，いつもＨ市中央図書館で点訳のボランティアをなさっている方であり，点訳についての簡単な説明と実技指導をしてくださることになった。

１回目：	点字の歴史・目的などについて簡単な説明を聞いた。その後，「１～１０までの数字」「自分の名前」の簡単な点字作業をした。どの子も興味ありげに取り組んでいた。

Ｓ子は，はじめ興味深げに点字について聞いていた。子どもたちの中には，話が長かったせいか，少々飽きてきた子もいたが，彼女には興味あることなのかじっと聞いていた。続いて実技に入ると，今まで聞いたことが実際できるためか一つひとつを丁寧にきちんと打っていた。そして，文字の打ち方が分からない時には，Ａさんの所へ行き自分が分かるまで熱心に教わっていた。また，席が近くのＦ子と点訳について感じたことや文字について自分の考えなどを話しかけては，また取り組んでいた。

Ｓ子は，第１回目が終わった後で私に「次はいつ来る予定か」と尋ねてきたので，次回の日程を教えた。そして，２日後，どこで見つけてきたのか点字の資料を学校へ持参して見せてくれ，点訳が目が不自由な人にとってとても役立っているということを説明してくれた。１回目の講習からずいぶんと興味をもち，これからも取り組んでいこうとする思いが感じられた。

２回目：５０音の打ち方について教わった。筆記とは違う点字にほとんどの子が興味をもった。また，ほぼ全員が５０音の点字が打てたことに満足した。特にＳ子・Ｔ子・Ｆ子などはこのままもっと続けたいと言い出した。最後に，Ａさんが用意してくれたしおりに，自分の名前や学校名を打つことになり，全員が自分のしおりを作ることができた。教師も一緒に点訳に取り組んだ。そして，点字は一定の法則に従って文字が作られていることを初めて知った。

２回目が終わった後で，Ｓ子は，私に「Ａさんにこれからも続けて教わりたいがどうしたらいいか」と尋ねてきた。そこで，Ａさんに聞いてみることを約束した。点字についてもっと勉強したいという意欲を感じた。

３回目：Ａさんが用意してくれた絵本のコピーをもとに，グループで１冊の絵本作りに取り組んだ。点訳のおもしろさを味わうことができた。

３回目の講習を受けた後，感想を話し合った。どの子も点字の仕組みや点訳の大変さを感じると同時に，その必要性を知った。Ｓ子とＴ子，Ｆ子の３人は，やはりＡさんに引き続き教わりたいと申し出た。そこで，前回のことと合わせて，その旨をＡさんに告げると快く引き受けてくれた。それを聞いた３人は，とても喜び，これから日曜日を使って点訳を教わることとした。

早速，次の日曜日，Ｓ子は，Ａさんに点訳を教わりにＴ子とＦ子とともに社会福祉文化会館へ出かけた。その時のことを次のように書いている。「点字を教わりに行った。本を決めて点訳した。本は『ずっとずっと大好きだよ』だ。一日で完成した。静かに取り組むことができてよかった」

イ　やっぱり点訳をしよう

いよいよ自分ができることを見つける活動に入った。Ｓ子はこの時間にＨ市立図書館へ行きたいと言ってきた。どうも，今日，Ａさんが図書館にいるらしい。早速，彼女は，図書館へ出かけて行き，Ａさんから点訳についての話や点字の書き方について教わった。そして，自分が取り組む活動を「絵本などの点訳をして，目が不自由な人に読んでもらう」と決めた。そこで，早速，活動計画を作成し取り組んだ。この様子を見て，私は，これまでの彼女の活動に対する取り組み方からきっと，長く続けていくだろうと感じた。

ウ　集中して打たないと

「クレヨン王国」を点訳する。いつもと同じペースで点字を打っているが，毎回１枚ずつしか進んでいないことを気にしていた。

しかし，彼女は「はじめたばかりの時に比べて文字を覚えたし，点訳のマス開けもだいぶ正確にできるようになった。打つスピードも速くなった」と思っている。一緒にいてもそれが分かる。余裕ができたのか，側にいる友達と会話をしていてもスピードは落ちていない。それは，友達が点訳のことについて質問をしたので，自分が知っていることを丁寧に教えていた時の会話からそう感じられた。ただ，Ｔさんがわいわいとしゃべりかけてきた時には，相手をしていたためか，打つ手も休みがちであった。彼女は，「点訳は集中しないとできない」と思っているので，あまり真剣に相手はしないが，かといって無視することもできないという感じであった。「途中しゃべってしまった。もっと静かにすればよかった。しかし，全体的によくできていたと思う」と反省している。

＜Ｓ子の作文＞

私は，ボランティアで点訳をやっています。今も福祉会館内のボランティアビューローでＡさんに「マスあけ」の事などを習っています。そして，本の内容を自分で，「マスあけ」して点字の本にしています。今までに短い本が，二冊できました。今は，長い話に挑戦しています。この前やろうと思っているＦ子さんとＴさんと３人で本ができた後，その本をどうするかについて話し合いました。そして，だれか目の見えない人に見てもらおうか，盲学校に寄付しようかということになりました。今は，その本が完成したらいいなと思っています。早くできるといいです。できたら，だれかに早く読んでもらえる日を待っています。

エ　それぞれにがんばっているな

子どもたちは，お互いの活動について情報を交換し合っている。Ｓ子は，クラスの友達の活動の様子を知り，自分と同じように，自分ができることに取り組んでいるなと感じたようである。中でもＹ子とＵ子は手話を習っているので，同じ視聴覚障害をもつ人とかかわっているためか，同じ悩みをもっているので話が合うのだろう。また，自分とは違った分野で活動している子には，どんなことをしているのか興味を持ち，いろいろと聞いているようである。

Ｓ子は，同じ学級の子たちが，様々な活動に取り組んでいることを知り，その子たちも自分と同じようにそれぞれに自分ができることに取り組んでいることに勇気づけられたようである。そして，こうした学級の子たちとの交流を通して，「自分が取り組んでいることは，これでいいんだ」という活動への自信がもてただけでなく，彼女が「これからもずっとがんばっていきたい」というこれからの取り組みに対する意欲をもつことができた。このように，Ｓ子は，学級の子たちがそれぞれに自分なりの受け止め方で自分ができることに取り組むことは，自分の身の回りの人とともに生きることであるという意味やそのよさに気づくことができた。

❹単元を振り返って

Ｓ子は，点訳に取り組むことを通して，自分が点訳した本を完成させたことに喜びを感じている。また，点訳した本をだれかに読んでもらえることを願っているし，読んでもらえることを思うと点訳をしていてよかったと思っている。そして，これまで自分が取り組んだ点訳が自分の興味や関心だけで続けられるものではなく，点字本を読む人と点字本を介してつながっていることや自分に点字を教えてくれるＡさんや，同じ目的をもち，共に活動する友達によって支えられていることに気づくことができた。また，目の不自由な人に少しでも役に立てばと考えて取り組んでいる自分を少し誇らしく思っているようでもある。Ｓ子にとってこの点訳に取り組むことは，自分の力でできることを知っただけでなく，自分ができることをできる限り長く続け，点字本を手に取った時の読む人の喜びを思い浮かべながら進めることでいいんだということにも気づくことができた。こうして，Ｓ子は，点訳に取り組むことにより，自分と点訳を通してかかわる人とのネットワークの広がりが共に生きることであるということを意味として形成することができた。

さて，教師は，本単元を進める中で，学校内よりも現場での活動が子どもたちにとって活動に対する見方や考え方をより広く・深くすることにつながることに気づくことができた。そして，実際に活動の現場において，子どもたちとともに活動に取り組んでみると，どんなことを感じ・考え・願っているかということがよく伝わり，自分がかかわる「人，もの，こと」と子どもが経験していることがその場における本来の子どもの学びであるということが分かった。また，自分と子どもとのかかわりを周りから見て，その子に対する私の見方を多面的に検討してくれることにより，今までの子どもに対する自分の見方が変わり，今までよりも子どもの学びに近づいて見ることができた。

おわりに

最近，学校教育を巡って様々な情報が入ってきます。不登校，いじめ，虐待など既に20年以上も前から起こっていたことだけでなく，教員同士のトラブルやハラスメントなどが頻発して，ニュースにならない日はないくらいです。これから教師として希望にあふれ，学校教育に携わっていかれる若い学生のみなさんが，このような教育現場，そして教育の刷新を実現されることを，心から期待しております。

さて，本書は，教師論，教育課程論，社会科教育，生活科教育の大学用授業テキストとして，私自身のこれまでの経験をまとめたものです。教育は，これからの時代の主人公となる子ども達を育てる営みです。子どもたちが学校という組織の中で「人，もの，こと」とかかわり，真実を知って，自らの生き方を見つけていくことです。その営みによって，冷静な頭脳と温かい心とたくましい腕を持ち，それらを統合することで時代を背負う人に成長していきます。その大切なキーワードは「かかわること」です。かかわることで，学びを深め広めることが期待できます。本書は，そのような趣旨と願いの下で執筆してきました。私自身の力不足のため十分ではないかもしれませんが，できるだけたくさんのことを吸収していただき，さらに深めていってもらえれば有り難いです。

ここで，学生時代に私が出会った言葉を紹介します。

「教えるとは希望を語ること，学ぶとは誠実を胸に刻むこと」

この言葉との出会いは，「全国教育系学生ゼミナール」という講演会だったと記憶しています。フランスの詩人，ルイ・アラゴンの「ストラスブール大学の歌」という詩の一節で，詩人の故大島博光氏の翻訳だそうです。

本書を執筆しようと思ったきっかけは，関西福祉大学学長の加藤明先生からのお勧めと励ましでした。発行にあたって推薦文も頂戴し，大変ありがたく思っています。金子美里先生には，生き生きと活動している子どもたちの活動の様子を挿絵にしていただきました。また，社会科の授業については，長川智彦先生，小島公平先生，総合的な時間の授業については，沢田千菊先生，神農佐知子先生，上田欣吾先生の実践を提供していただきました。心よりお礼申し上げます。そして，金木犀舎の浦谷さおりさんには，編集，校正に至るまで言葉では言い尽くせないほど，お世話になりました。筆者の独りよがりな文章を根気強く読み解いていただき，最後までおつきあいいただいたからこそと感謝しております。

最後に，このテキストを通して「教育・教職」について，みなさんとともに考えていくことができればと願っております。

令和２年４月

小野間 正巳

主な引用および参考文献

＜共通＞

文部科学省学習指導要領（平成 29 年告示）

文部科学省学習指導要領（平成 29 年告示）解説（社会編，生活編，総合的な学習の時間編）

中央教育審議会答申

＜第 1 章＞

小野間正巳 (1997)「‘かかわり名人’こうつくる・こうのばす」，生活科授業を楽しく，pp.26–27，明治図書

尾木直樹 (2007)『教師格差』，pp.224，角川書店

ベンジャミン・ブルーム他著，梶田叡一他訳 (1973)『教育評価法ハンドブック ―― 強化学習の形成的評価と総括的評価』，pp.470，第一法規出版

＜第 2 章＞

加藤明 (2016)「『開く』授業の創造による授業改革からカリキュラム・マネジメントによる学校改革へ～アクティブ・ラーニングを超える授業の創造と小中一貫教育の方法～」，pp.96，文溪堂

加藤明 (2019)「『新学習指導要領をひもとく』～ PDCA サイクルによる教材開発と展開，評価の活用～」，pp.160，文溪堂

小野間正巳 (2003) 佐藤真編「絶対評価の基礎・基本」，pp.32–37

山崎保寿 (2019)「未来を拓く教師のための教育課程論」，pp.192，学陽書房

＜第 3 章＞

小野間正巳「意志決定能力を育てる協働提案型社会科授業構成原理と実践ー小学校第 6 学年『高齢者福祉と公共政策』の授業分析をとおしてー」，社会系教科教育学研究第 30 号，pp.117–126，2018

小野間正巳「授業コミュニケーションの分析をとおした社会科授業評価ーGTMA，会話分析，ポートフォリオ分析をとおしてー」，社会科教育研究第 133 号，pp.1–14，2018

小野間正巳「意志決定型社会科授業を創造するための授業評価モデルーGTMA とポートフォリオを組み込んだ小学校社会科授業分析による評価ー」，社会系教科教育学研究第 28 号，pp.71–80，2016

＜第 4 章＞

静岡大学教育学部附属浜松小学校研究紀要「『自分をつくる』力を育てる」(1992–1993)

静岡大学教育学部附属浜松小学校著 (1994)「自分をつくる」，第一法規

小野間正巳 (2016)「自律性・関係性・有能観を高める生活科の理論と実践に関する研究ー自己評価カードを用いた指導を通してー」，教育実践方法学研究 1(1)

＜第５章＞

静岡大学教育学部附属浜松小学校研究紀要「自分らしく生きる力の創造」(1994–1996)

静岡県磐田市立田原小学校研修報告（1997–2001)

静岡県磐田郡浅羽町立浅羽南小学校研修報告（2004–2006)

小野間正巳 (1999) 日台利夫編著『「総合的な学習」の授業づくりと教師』，東洋館出版社

小野間正巳「小学校における総合的な学習の時間の授業分析から見た実践課題」，関西福祉大学発達教育学部研究紀要第２巻，pp.11–20，2016，単著

＜その他＞

小野間正巳 (1997)『横断的・総合的学習読本』，教育開発研究所

小野間正巳 (1998)『多様な指導方法を展開する（学校を変える実践課題 No, ６）』，教育開発研究所

小野間正巳 (2002) 古川治編『総合的な学習を生かす評価　小学校』，ぎょうせい

小野間正巳編 (2010)『国語力向上をめざして』，教育出版

小野間正巳編 (2011)『共に学びを創る～学びの質が授業を変える～』，教育出版

以下，小野間正巳著　雑誌

『奈良女子大学文学部附属小学校学習研究会学習研究』356 号

『生活科授業を楽しく』No.81，No.82，明治図書

『せいかつか５号』日本生活科教育学会

『授業研究 21』No.477，明治図書

『生活科と共に総合的学習を創る』No.90，明治図書

『「追究の鬼」を育てる』No.13，「特集『書く技能』を鍛える指導技術」，明治図書

『生活科と共に総合的学習を創る』No.97，No.99，明治図書

『教材開発 10』No.142，明治図書

『楽しい理科授業』No.400，明治図書

『授業のネタ教材開発』No.149，No.156，No.163，明治図書

『指導と評価』No.560，No.563，日本教育評価研究会

『総合的学習を創る』No.142，No.155，明治図書

『教職研修』No.384，教育開発研究所

『日本科学教育学会研究報告』Vol.13 No.4，日本科学教育学会

『せいかつか＆そうごう』第９号，第 10 号，日本生活科・総合的学習教育学会

【著者】
小野間 正巳（おのま・まさみ）
静岡県出身。兵庫教育大学大学院連合学校教育学研究科博士課程修了。博士（学校教育学）。
静岡大学卒業後，静岡県浜松市及び磐田市公立学校，静岡大学教育学部附属浜松小学校に勤務。その後，関西福祉大学発達教育学部准教授を経て，現在，関西福祉大学教育学部，同大学院学校教育学研究科教授，附属図書館長，四天王寺大学教育学部非常勤講師，日本教育実践方法学会事務局長。
専門：社会科教育，生活科教育，GTMA による授業分析，市民性教育，総合的な学習の時間。
現在大学で，社会，社会科指導法，生活科指導法，教育課程論，教職論，教育実習指導他を担当。主な著書等は本書参考文献参照。

かかわりで育む学び

2020 年 4 月 24 日　第 1 刷発行

著　者　小野間 正巳

発行人　浦谷 さおり
発行所　金木犀舎
〒 670-0935 兵庫県姫路市北条口 1 丁目 9 久宝寺ビル 2F
電話 079-229-3457　FAX 079-229-3458
https://www.kinmokuseibooks.com/
印刷製本　シナノ書籍印刷株式会社

ISBN 978-4-909095-09-1　C3037